रहस्यमयी
दर्दनाक वासना का खुलासा

रहस्यमयी
दर्दनाक वासना का खुलासा

लेखिका

साधवी चेतना

Falguni Publishers & Distributors

First published in India 2017 by
Falguni Publishers & Distributors Ghaziabad

ISBN: 978-93- 85494-37-6

Falguni Publishers & Distributors
RTB-160, Royale Tower
Shipra Sun City, Indirapuram
Ghaziabad-201010
E-mail: falgunipublishers@gmail.com

Laser Typesetting
Priyanka Graphics, Delhi

Printed and Bound in
Delhi

Rs. 995

अदृश्य ईश्वरीय सत्ता की बनाई श्रृष्टि में छेड़छाड़ का भागी
व्यक्ति स्वमं अंहकार वंश अपने जीवन की इमारत गिराता है
आकाश जैसी आत्मा अनंत और असीम से भरी विष बनाता है
फिर कोई जिस्म से खिलवाड़ कर हादसे का नाम दे भाग जाता है
दर्द भरी वासना का खुलासा बात निकली है तो दूर तक जाएगी
कश्ती नाजुक छोड़ी है धरती पर साहिल तक पहुच ही जायेगी
बिखरी हुई माला भी वकत पर समेट ली जायेगी बेटी बचाई जायेगी
कांटो बिच खिली कलियाँ भी माला में पिरो प्रभु को चढाई जायेगी
अरे जरा डरो अपना जन्म मरण सूखे पत्ते मानिंद पैरो में न रोल बन्दे

सर्व सृष्टि के निर्माण करता को मेरा सम्पूर्ण समर्पण
अन्धकार से प्रकाश की और ले जाने वाले परमात्मन
ने मेरा मार्ग दर्शन कर मेरा रोम–रोम प्रकाशित किया
आत्मा में छिपा सर्वश्रेष्ठ तत्व ज्ञान जिसके सम्मुख हुई
अत्यंत बहुमूल्य तेजोमयी ज्ञान मुझे प्रकाशित कर गया

माँ हरि चेतना

आभार

वासना से शिकार जिंदगी के पलों से जुड़ी रूह की आवाज है। काँपते हाथो से दर्द को समेट कर खामोशी से कागज पर उकेरा है।

मुझे आदरणीय संजय सिंह जी का भरपूर सहयोग मिला। Falguni Publisher & Distributors से पुस्तक का रूप मिला। आपके सहयोग और प्रेम की सदैव इसी तरह कामना करती हूँ और आभार व्यक्त करती हूँ। उन सभी का आभार जिन्होंने मेरे साथ अपने अनुभव मुझे लिखकर या आपसी बातचीत में मेरी प्रक्रिया में हुआ स्वयं का अनुभव बांटा।

संसार मे मानव जीवन के अन्तस प्रभु की अपनी एक रचना है। जिसे कोई विरला जान पाया हैं। वर्ना अथाह सागर की गहराई लिखना आसान नही। ज्ञान से परे संसार की रचना। अबला की आप बीती दास्ता आपके रूबरू है। वासना के भंवर में फंसी जान मौत को स्वीकार कर गई। मुझे विश्वास है यह पुस्तक पाठकों के मन मे विशेष जगह बनायेगी। कई जिंदगी के पहलुओं को छूती हुई खुद–ब–खुद पुस्तक रूप में तैयार हो गई। जीवन को सवांरने के लिए पढ़िये। विचारों में शब्द की गति का भाव पहचानिऐ। इससे बेहतर कोई विकल्प नहीं। शारिरिक गतिशीलता चेतन अवस्था का नैसर्गिक गुण एक शब्द में अटका है। वह है मृत्यु। सभी अपनी चेतना के थिथिल होने के मायने जानिए। जीवन प्रवाह में अवरोध चेतना ठप पड़ने का अर्थ मृत्यु है।

दो शब्द

कुम्भ मेले के समय की बात है इस समय बहुत भीड़ थी। इस भीड़ में मैने बहुत रेलम पेल झेली। आह क्या कहुँ उस गहमा गहमी और उमड़ती भीड़ के बारे में सचमुच वह सब याद आते ही मेरे रोंगटे खड़े हो जाते है। वह सब देखा हुआ भूल नहीं सकती। मेरा गुरु भाई सन्त मुझे स्टेशन छोड. गया।

मैनें मन ही मन में उसे साधुवाद दिया बड़ी मुशिकल से वह मुझको अन्दर पहुँचा पाया और मुझे गाडी़ में अन्दर चढा़ पाया। प्लेटफार्म पर अजीब सा हाल था जहाँ से गाडी़ को रवाना होना था। इतनी भीड़ थी पाँव रखना भी मुशिकल हो रहा था। लोगो की बातचीत, खोमचे वालो की तीखी आवाजों ने अच्छा–खासा शोर शराबा हंगामा मचा रखा था। मैने भीड़ में जल्दी से एक पत्रिका ली कुछ देर उसमें मग्न हो गई। उस दिन मेरे मन से इस पुस्तक का नाम घुमने लगा मैं आँखे बन्द किये कुछ देर अपने भीतर चल रहे विचारों में खो गई। उस समय जो–जो चला उन घटनाओं का शब्दों में उतारने का प्रयास है मेरी इच्छा सदैव सृष्टी को गहराई से जानने की रही। जगत मे मानव जन्म सर्वश्रेष्ठ है। मेरी जीवन आकांशा विशेष और विभिन्न रही। मेरा भीतरी और बाहरी अभ्यास स्वयं को जानने का सफल रहा। जीवन में ब्रहमज्ञानी गुरु पाया। मन में उठती तरंगों को देखती उनमें खो जाती। कल्पनाओं के सागर पार की चेतना थी। आज लिखते हुए मन में रोमांच हो उठता है। नया जीवन का सत्य कोई कह पाया है यह सोचकर मेरे भीतर सत्य का समग्र चित्र बन जाता। लोगो की अनोखी बीती दास्ता सभी के सामने रखने का साहस जुटा पाऊंगी। मेरा ध्येय केवल सत्य सामने लाने की इच्छा रही है। मानो या न मानो जीवन तो प्रेरणा स्रोत है किस लेखक की

कौन सी बात जीवन दशा बदलने में सिद्ध हो यह कोई नहीं कह सकता साथ ही दूर दराज की घटनाओं को घर बैठे पता चलता है। यह उपन्यास काल्पनिक कुछ सत्य घटनाओं के आधार पर लिख रही हूँ। वासना जहाँ समाप्त होती है वहाँ प्रेम प्रार्थना फूलती फलती है सौन्दर्य दिखाई पड़ता है। व्यक्ति के भीतर उठती उर्जा अहर्निश गीत वही प्रेम बजता है। प्रेम का विकृत रुप नहीं है। प्रेम का उल्टा घृणा या वासना है। अभी प्रेम था फिर घृणा में क्षण भर मे दुशमन हो गया प्रेम परमात्मा की पग ध्वनि है कोई बिरला पहचान पाता है।

यह उपन्यास काल्पनिक नही कह सकती। कुछ सत्य घटना घटने वाली घटनाओं के आधार पर लिख रही हूँ। मेरा जीवन भले ही असुविधाजनक और कष्ट कारी रहा हो परन्तु मेरे अनुभव का कोष परमात्मा के ज्ञान से तो लबालब भरा है। इसी कोष ने मुझे भरपूर और समृद्ध बनाया। साथ ही बाहरी अनुभव भी साथ चलता रहा। बाहरी जीवन तो जैसे मेरा लोप सा हो गया था। अपने भीतर की अँधेर कोठरी के रहस्यमयी जीवन को जानकर लिखने का आनंद बयाँन नही कर सकती। आकाश सूर्य का सा तेज और तारे रौशनी से भरे छिटके हुए दिखाई पड़ते थे। मेरे भीतर गजब का सन्नाटा छाया रहता। घंटो आँख बंद किये भीतर बसा ब्रह्मांड को निहारती रहती। मुझे अपने भीतर के अँधेरे में भगती की रौशनी और विश्वास दिखाई पड़ता था। मेरे अंतरमन के कुंड में रौशनी की शीतल धारा से अमृत की बुँदे झरी। अदभुद दिव्य प्रकाश की प्रकृतिक छटा देखी। चमत्कारी प्रकाश ने माया का आवरण हटा आत्मा को आलौकिक किया। तभी सारा रहस्य जान पाई तारे दिन के उजाले में कौन से समुन्द्र में डुब जाते है। सम्पूर्ण रहस्य खुलते ही वहीं ब्रह्मांड आँखों के सामने कैसे खुलता है? भगती भीतर जागी तो अंतर वृतियां क्यों न आँखे खोले?

भीतर छिपी हुई शक्तियों का भंडार धीरे–धीरे खुलने लगा। अपने भीतर खुशिया भरने की कुंजी मिली। जाना अपनी असफलता का दोष भाग्य पर मढ़ देना बिलकुल गलत है। प्रभु का किसी भी कार्य में कोई हाथ नही। हमारी की हुई गलतियों का फल समय–समय पर मिलता रहता है। हमे परमपिता ने पूरी आजादी दी है हमें अपने अंगो का किस प्रकार इस्तेमाल करना है। अपने हाथो से प्रेम करे, दान करे. मारे या चोरी करे। उसी तरह मुँह का इस्तेमाल है कैसे शब्दों का उच्चारण करना। मुँह से पवित्र शब्द भी बोल सकते है। अपवित्र शब्द भी निकाल सकते है। सब हमारी अपनी मर्जी

है। कथनी और करनी सब स्वम् के हाथ है। सत्य तो यही है संसार में दुःख पीड़ा और संकटो में घिरकर व्यक्तियों ने विरले काम किये है। संघर्षो में ही मानसिक और शारीरिक शक्तियाँ जागी है। प्रतिकूल परस्थितिया जीवन का अदभुद निखार कर जाती है। सत्य के मार्ग पर चल कर ही कुछ पाया जा सकता। सफलता हासिल की जा सकती है। इसलिए मैने बाहरी संसार को छोड़ भीतरी लोक का ध्यान किया। मै अपने भीतरी प्रकाश के संदेश आप तक पहुचाती रहुगी। मेरी दिव्य यात्रा की अनुभूति पर लिखी पुस्तक अवश्य पढ़े। **लो आ गई जोगन दिव्य अनुभूति लेकर**। मेरी अनंत की यात्रा अखंड ब्रह्मांड में कैसे पहुची। मै अदभुद योग्यताओं से सक्षम हुई। पूरे ब्रह्मांड का केंद्र धरती है बाकि सूर्य चन्द्र सारे ग्रह इसके इर्द गिर्द चक्र लगाते है।

इहलोक से परलोक की यात्रा सत्य घटनाओं पर आधारित है।

जब हमारी तीसरी आँख का जागरण होता है। भीतर का दर तभी खुलता है। रूहानी यात्रा आँखों के केंद्र खुलने से शुरू होती है। हम अपनी आँखों से देखते जरुर है लेकिन अंदर से आँखों की गठरी सी बंधी है। इस गठरी से आत्मा और मन का सम्बन्ध है। इसी कारण आंखे बन्द करते ही अन्धकार नजर आता है। कई बार भजन सुमिरन से भी आँखों का अन्धकार दूर होने लगता है। यह बहुत कठिन है, यह रहस्य एक तत्व ज्ञानी सतगुरु से ही शुरू होता है। सभी ने अंदर का ध्यान छोड़ कर बाहरी ध्यान में पड़े रह जाते। हमारी सारी कल्पना इस अँधेरे से शुरू होती है। बड़ा जबरस्त रहस्य माता के गर्भ भाँती खुलता है। तन के विकार दूर एक अनोखी यात्रा पर निकल जाना। उसके बाद ही तन की रूहानी यात्रा शुरू होती है। यहाँ संसारी माया का कोई काम नही।

आपके पास कितना ही धन हो वह धन काम न आयेगा। धन रूपी पहाड़ पर बैठ कर यात्रा नही कर सकते। उसके लिए नीचे जमींन पर आना होगा। आंतरिक शक्ति किसी विशेष धर्म, जाति धन, के आधार पर एकत्र नही की जा सकती। उसके लिए आपको इन सबसे नीचे उतरना होगा। उबरना होगा बाहर आना होगा। उन सभी छोटे बड़े कारणों को दूर करना होगा।

कोई भी महापुरुष हो, पुरुष, स्त्री अथवा ज्ञानी सन्त उसकी शरण में जाना होगा। गुरु के आदेश अनुसार छोटी–बड़ी प्रक्रियां करनी होगी गुरु के साथ मिलकर किया गया प्रयत्न कभी खाली नही जाता। क्योकि गुरु की शरण में जाने पर गुरु और शिष्य दोनों की जिम्मेवारी हो जाती है। तभी दोनों

एक दुसरे के ऋणों से मुक्त हो सकते है। ऐसा गुरु का और शिष्य का होना महावरदानी का प्रमुख लक्ष्ण है।

कोई सज्जन व्यक्ति ही गुरु और शिष्य से प्रेरणा लेकर गुरु को अर्पित होकर अपना जीवन व्यतीत करता है। वर्ना आज मनुष्य प्रभु की भरी हुई बहुत बड़ी सम्पदा से वंछित रह जाएगा। मै केवल प्रभु के (Messenger) मेसेंजर भाँती संदेश देने आई हुँ।

प्रभु की कृपा के बगैर भीतरी आलोक महल की आलौकिक ध्वनिया कतई सुनाई नहीं दे सकती।

साधना का प्रभाव गहरे अंतर में पड़ता है। अंतरमन में असली शब्दों का असर पड़ना चाहिए। शब्द स्पष्ट सुनाई देने लगेगे वहि उपर खीचने लगेगे। हमारी चेतना वर्तुल में घुमती हुई को जानने की कोशिश करिये। विचारों का चलता तेज वर्तुल यह कोई ख्याल या सपना नही। शब्दों का जंजाल है। जो शब्द बोलते है या सोचते है सब वर्तुल में घूमते है। मेरे मन में कई बार विचार आया सब शब्दों को लिख डालू। एक दिन मै सुबह–सुबह उठी और ध्यान में बैठ गई। भीतरी दृश्यों का आनन्द ले रही थी। यही सोच रही थी सभी सर्वप्रथम स्वमं को खोजना भूल जाते है। स्वमं के छिपे रहस्य को देखने से चुक जाते है। अंतरस्थ ह्रदय में दर्शन प्रेम ही करवाता है। परमात्मा का साक्षात्कार पूर्ण अनुभूति मोक्षकारी बन जाती है।

जब भी हम कोई बात भूल जाते याद करने के लिए एकाएक हाथ मस्तिष्क की और चला जाता है। पूरा शरीर है कही भी ध्यान नही जाता। तब आप सभी को महसूस होता होगा। हमारे भीतर कुछ बन्द है। अंदर का दर खुलते ही अंदर का प्रकाश सूर्य चाँद सितारे दिखाई पड़ने लगते है। जिस यात्रा में आँखों का महत्व सभी दिव्य संतो ने बताया।

उन्होंने केवल यात्रा की बात की है। कोई कर्मकांड की बात नही की। अपने ही भीतर का मौसम बदलने लगता। स्वयं को महसूस होता तापमान में काफी बदलाव आता है। यह मेरा स्वयं का गहरा अनुभव रहा।

सभी सत्य का मार्ग भूल गए है जो जीवन दाता हमे भरसक शक्ति देता है। उसी की ध्वनी कभी ध्यानपूर्वक न सुनी। उसी का आवाहन अपने भीतर न किया। सर्वोच अध्यात्मिक आदर्श की अपेक्षा संसार की साधारण डगर पर सभी चल पड़ते है।

दुसरे शब्दों में कहूँ साधारण प्रसिद्धी फैशन–परस्ती के उन्माद में पड़कर

स्वयं का कल्याण लोक कल्याण तथा सिद्धि के मार्ग से सभी भटक गए है। आज सत्य ज्ञान तथा विनम्रता नैतिकता की अपेक्षा धन को प्रधानता देते है। मेरा संदेश यही है परमात्मा ने प्रत्येक मानवीय आत्मा में मोक्ष तत्व छिपा रखा। वह तत्व जागृत होता है तभी मस्तिष्क में कल्याण अथवा परमार्थ की अभिलाषा जागृत होती है।

जीवन तो सभी जान लेते है लेकिन जीवन में छिपी मृत्यु को कोई नही जानना चाहता। जब भी किसी ज्योतिषी को हाथ दिखाते है कभी मृत्यु के बारे में कोई नही पूछता। सभी जीवन के बारे पूछते है। जीवन और मृत्यु शरीर के दो छोर है। जीवन के साथ मृत्यु चलती है भला मृत्यु से कोई भाग सकता है। मृत्यु तो साए की तरह साथ चलती है।

मै इसी रहस्य की गहराई में वर्षो लींन रही। अपने भीतर की अनंतता को जान कर प्रभु का भरपूर आशिर्वाद लेने के बाद अपनी लेखनी चलाई है। जो कुछ प्यासी आत्माओं को मै अपनी प्रक्रिया से दिव्य ज्ञान भर सकी अपने को धनी मानूगीं। मेरा सभी आत्माओं में बैठे परमात्मा को नमन।

माँ हरि चेतना

विषय–सूची

1

दर्द भरी वासना का खुलासा

ज्ञान की भीनी भीनी वर्षा ने मेंरा हौसला गिरने नही दिया एक स्त्री होते हुए तत्व की विशालता के सहारे हवा संग उड़ी बादलो से जा मिली। सागर सा हृदय पाया स्त्री तत्व में इतनी उच्चाई बहुत सुखद लगा। मुझे सागर कासा आंचल मिला आकाश सी चाँद सीतारो से सजी ओढ़नी मिली। संसार के लोगो को तो फिर भी दोष ही नजर आने लगे। मै जमीन से उठ बादलो से जा मिली। अब संसार रूपी माया जाल में नही पड़ना चाहती थी। संसार के साथ तालमेल बैठाना अति मुश्किल था। संसारी लोगो ने एक बार नही अनेको बार मेरे सपनों को चकनाचूर करने की कोशिश की। बाहरी जो भी नुक्सान किया हो। कष्ट पहुचाये हो। लेकिन भीतरी सूर्य का सा तेज ज्ञान की वर्षा ने मेरा होसला कभी गिरने नही दिया। मेरी मुझ पर ताकत बन जगत को जीत गई। मै संसारी कृत्यों के पार हुई। बड़ा मुश्किल है संसारी युद्ध से बचकर भीतरी पार होना।

हजारो लाखो में कोई विरला भाग वाला होता है जो प्रभु की विशिष्ट शक्तियों में अपनी योग्यताओं की सूचि लिए शामिल होता है। परम पद प्राप्त कर लेता है। बड़ा मुश्किल है उस बेहतर प्रभु तत्व के बारे में लिखना।

खोज करने की कोशिश करिये।

अपने आपको उतम बनाने की कोशिश करते रहिये।

क्या कारण है?

आप हर वक्त दुसरो के बारे में क्यों सोचते हो?

और अपनी परेशानियों के बारे में सोचकर परेशान है।

कभी–कभी अपने अंतरमन से बात कीजिये।

सुनिए उसकी पग ध्वनि क्या कहता है?

अपने मन की गहराइयो में उतरकर अपनी भूली त्रुटियों को जानने का प्रयत्न कीजिये। जीवन के सही विकास को खोजिये। किन अवगुणों के कारण प्रगति पथ में रुकावट है।

अपने को जानकार उचित मार्ग को सक्रीय बनाये। अपना विशवास जगाए और कुछ समय आत्म निरिक्षण करिए। भीतर सब सम्भव है। अपने भीतर सोने की खान हीरे मोतियों का खजाना खोजिये। यह स्वप्न नही है ज्ञान का भंडार भरा है। अपने आप को कुकर्म से दुषित मत कीजिये।

मै प्रभु में संलग्न रह भीतरी शक्ति को बढाती रही। मन के व्यापारी से पूर्ण तौर से जित गई। हाँ आज संसार को देखती हुँ दिखता है। सभी के अंतह करण में वासना का प्रकोप भरा है। सभी वासना के खूंटे से बंधे है। वासना का प्रबल वेग जो उत्पन्न होता है उसे किस तरह शांत किया जाये। यह विशेष प्रक्रिया ढूँढं लाइ हूँ।

यदि मन में यह उद्दंडता रहेगी तो मन दिन रात भागता रहेगा। भीतरी चिंता का द्रव्य पदार्थ बढ़ता रहेगा। सबसे पहले चिन्तन पदार्थ को न रोका गया तो वही अग्नि स्वयं को जला कर भस्म कर देगी। वासना इस शरीर में चलायमान रहेगी। इसे अभ्यास के द्वारा ही आज्ञाकारी अनुचर बनाया जा सकता है। मन के निजी वेग को ध्यान द्वारा विशेष युक्तियो से रोका जा सकता है। तत्व ज्ञानी गुरु कोई विरला ही होता है।

कई बार मुझे प्रयोग करने को मिले। यह प्रयोग उस स्त्री का आज तक नही भुला पाई। वह स्त्री काफी एकांत सी शांत रहने वाली महिला थी। जानना चाहती थी क्यों किसी के साथ मेल मिलाप नही रख पाती। कुछ पिछले जन्म में हुई गलतियो के कारण था या इस जन्म में की गलतियों को देखना चाहती थी।

मै घुमते हुए एक कपड़े की दूकान पर पहुँची। मैने सोचा आज कोई गर्म कपड़ा लिया जाये। इसी तरह टहलते–टहलते उस दिन अचानक पहुँच गई। मैने देखा कपड़े की दूकान में काफी भीड़ थी। पर काफी देर से एक महिला कपड़े देख रही थी। मुझे दुकानदार ने एक कुर्सी दी आप आराम से बैठ जाए। इनसे निपट कर आपको दिखाता हूँ। समय तकरीबन आधा घंटा से भी उपर हो गया था। मै पहले उस महीला की आवाज सुनती रही बहुत दर्द भरी आवाज थी। काफी देर बाद दो गर्म सूट पसंद किये लेकिन उनमे

से भी एक लेना था समझ नही पा रही थी। कपड़ो को देखती रही काफी उधेड़बुन में नजर आई।

मै उसके करीब गई और बोला आप ये लीजिये आपके उपर ये ज्यादा खिल रहा है। बड़ी खुश हुई हाँ कोई दुसरा बताये तो अच्छा रहता है। उसका चेहरा भी एक दम अध्यात्मिक था। उसका बताया गया अनुभव लिख रही हूँ आँखो में समुन्द्र जैसी गहराई भरी हो मै साफ देख पा रही थी। बात बातो में बहुत बात कर गई फिर तो जो बात की बस एक दिन डेरे पर मिलने आ गई। खुलकर अपने रिश्तो के बारे में बात की। मुझे बताया भीतर से कभी–कभी गजब की शान्ति महसूस करती है। कभी–कभी मन उचाट सा भी महसूस होता है।

उसको मैने एक प्रक्रिया कराई। रात में तीन घंटे की प्रक्रिया थी। होश में आने के बाद उसने जो–जो बताया उसी आधार पर यह पुस्तक लिख रही हूँ। उस महिला से काफी बात हुई मै अपने आपको उसकी जगह रख कर लिख रही हूँ।

उसे मेरी प्रक्रिया में बहुत ऊर्जा महसूस हुई। उसके कहने पर मैने दो–तीन बार प्रक्रिया करवाई हालाकि यह प्रक्रिया बहुत खतरनाक है करनी नही चाहिए। परन्तु उसको बहुत आनन्द आया। उसी स्त्री के कहने पर दुबारा करवाई वह दिल से बहुत अच्छी महिला थी। थोड़ी मन की कमजोर थी इस प्रक्रिया से मन से स्वस्थ हो गई। मन में जो भरा था उससे भी खाली हो गई थी।

मैने उससे एक बात ही कही तुम्हारे भीतर विचार की चरखियाँ कभी रूकती ही नहीं। उसने कहा यह बात तो ठीक कही विचार कभी रुकते नही। इसका कारण बताये कैसे मुक्त होया जाए।

मै बोली यह तो रहस्य की बात है। रहस्य बताने का आपको उचित परिश्रम भी देना होता है। अपने शरीर को बिना विचारों के चलाए।

कैसे चला सकते है?

इस विषय पर मैने पूरी जानकारी उसे दी।

शरीर में विचारों का डिस्क किस प्रकार रोका जाए।

मैने भी जिन्दगी भर बहुत कुछ लिखा। पता ही नही था किसके लिए

लिखती हूँ। न कभी सोचा न कभी तलाश की। मन में कैसा अजनबी सा ख्वाब जरुर था। जो अपने भीतर भी छुपाये बैठी थी। मेरे भीतर की हालत भी आज तक कोई नही जान पाया। बाहर से हस्ती रहती थी कभी किसी को जिम्मेदार नहीं ठहराया। इधर–उधर घुमने के कारण लिखे पन्ने बिखरते रहे कभी समेट ही नही पाई। कुछ अपने लिए लिखती रही कुछ अपने रब (अखण्ड) के लिए लिखती रही। जो नही कर सकती थी दर्द–ए–ब्यान अब उनको किसी न किसी रूप आपके सामने रखती हूँ। कुछ अपना दर्द कुछ दुसरो का दर्द मिठास बनाकर उतारने की कोशिश है।

मुझे एक पर रुकना था मै कृष्ण पर ठहर गई। एक कृष्ण पर ठहरने के बाद शून्य ही आता। अनन्तता की समाप्ति। ठहरना बहुत पीड़ादायी रहा इसका अंत बहुत सुखदाई हो गया। मै एक प्रभु प्रेमी को समर्पित हो गई।

शब्दों में वक्त के अहसास को लिखना मुश्किल है
कैसे लिखू सवंरने लगी थी सावरियाँ तिरे प्रेम में साँवरी दीवानी
मन मन्दिर के प्रेम का बड़ा महात्म्य देखा खाली न कोई लोटेगा
मै खुद को छोड़ बीते जमाने में अंधेरो से रौशनी में निकल आई थी
प्रभु प्रेम का रिश्ता कितना अजीब था मन की सीमा तोड़ने पर मजबूर था
छलकाया सावरियाँ ने खुशियों का जाम कोई विरला चखे दिल खोलकर
मै साँवरी भूल गई दुनिया के दिए तमाम दर्द मुक्त होने का सही मार्ग मिला
समाई श्रृष्टि में सावरियाँ बसा जान जाएगा भेद ब्रह्मांड का खुल जाएगा
सावरियाँ ने बंसी की धुन पर अलंकृत कर कण–कण पे दुनिया चलाई
शिखर पर चढ़ जाएगा मिथ्या भोग विलास का होगा विकर्षण
ह्रदय मार्ग से मन में होगा दर्शन जो है दुनिया से ओझल

पल–पल की उपलब्धि को भीतरी महसूस करती रही। अपने आप मंथन होता गया। यह मेरी आदत और स्वभाव बन गया। जीवन में एक कृष्ण को अपनाकर सारी बाहरी अनन्तता को समाप्त किया। भीतरी अनंतता में प्रवेश किया।

यह मेरा ठहराव था इसको पार करना मुश्किल था। मै बहुत हटी थी थम गई थी। आज मेरे शब्दों से भले सबको चंचलता नजर आये। मै भीतर

से पूरी तरह ठहर गई थी। जैसे एक सपना देखा हो एक क्षण को मेरी झपकी लग गई हो। सो गई हो इन अध्यात्मिक सपनों में वर्षो बीत गए हो। अब यह कोई एक सपना नही रहा मेरा यह अध्यात्मिक सपना लम्बे समय तक चला। ध्यान समाधि की मै आदि हो गई थी। अब जगत का सोना जागना झूठ नजर आता था।

मैने जिन्दगी में दो बाते समझी है मैं सम्पूर्ण पैदा हुई हूँ। संसार की भिन्नता आज समझ आती है। परन्तु इस प्रकार की बात स्वयं के भीतर साक्षात्कार होता है तो समझ आती है। यह बाते तो शरीर के पार की बाते है जिसके साथ घटती है वही समझ पाता है। मेरा भीतरी विकास इतना शीघ्रता से हुआ की आखरी बिंदु पहला बन गया। सभी के नक्शे साफ दिखाई देने लगे। संसारी सारी दौड़ व्यर्थ नजर आने लगी। यह बात बहुत गहराई से समझ गई। खैर यह तो जन्म–जन्मों के विराट की बात है जो तत्व ज्ञानी गुरु चर्चा करते आये है। मैने जीवन में अध्यात्मिक रस का बहुत आनन्द पाया। प्रभु का भरपूर आशीर्वाद रहा।

मैने महसूस किया जिस व्यक्ति ने कभी प्राणों में वेदना का अनुभव नही किया वे शक्तिहीन है। शक्ति तो तभी आती है जब भीतर छिपी कोई न कोई वेदना सार्थक हुई हो। प्रभु के रहस्यमयी आलोक में आनन्द की अनुभूति का विस्तार है।

मेरे ह्रदय की पीड़ा अनंत को खोजती हुई। अदृश्य सत्ता को जान इन सुने नयनो में घुलकर प्रकाश घुमने लगा। बिखरने लगा नयन बरस उठे अब बाहरी सौन्दर्य फीका लगता था।

मै सचमुच बाहरी चीजे देखने की आदि नहीं रही। कभी–कभी मेरा मन कुछ अजीब सा देखने को मचल जाता। मै ज्यादा एकांत पेड़ पौधो को निहारती। उनको छूने से देखने से जो खुशी मिलती सचमुच उस सवेंदना को मुश्किल है कह पाना। अहसास के सत्य को कह पाना मुश्किल है। वह अनुभूति अनंत हो चुकी है। यह अनुभूति जन्म के साथ जुड़ी है। कभी–कभी प्रभू मौज में गाने लगती – कहती हूँ सबसे

प्रभु पाने की तड़प पैदा करो...
ऐ काश हमें भी कोई हम सफर मिल जाए
अपने भीतर ही कान्हा का पता मिल जाये

भीतर बजे बीन साँप और सपेरा काँप जाए
मेरी रूह में जन्म कन्हैया का हो जाय
इन्तजार अब रूह से होता नही कन्हैया
ये तड़प ये आँसू कब तलक, देखे नही जाते
मै जोगन मतवाली सलिका न आया जीने का
दुनिया से दुरिया बढ़ती गई खुद में उतरती गई
अब आओ कन्हैया सवारों मेरी जिन्दगी की परिभाषा

प्रभु की राह देखती रहती सोचती शायद अभी प्रभु मिलन की शुभ घड़ी नही आई। मै उस घड़ी के इन्तजार में थी। मुझे मालुम था प्रभु प्रेम कभी तो घट में बरसेगा। घटाए घिर आएगी बिजलिया गरज जायेगी और कड़क कर कुछ तो बोल जायेगी। मैने पकड़ा भी कुछ नही छोड़ा भी कुछ नही बस ये जानती थी मुझे जो प्रभु ने दिया कुछ रहस्य तो छिपा है। तभी तो दिया था ये कभी नही सोचा था पत्थर के कृष्ण भी जीवित हो उठेगे। यह रूप भी समाप्त हो जाएगा। साक्षात ब्रह्म प्रकट हो जाएगा। सब प्रकट हो गया खुद में खो गई। मन से मन जुड़ गया आत्मा से परमात्मा का मिलन हो गया। दुनयावी नाटक समाप्त हो गया।

ब्रह्मांड का केंद्र पा गई। सत्य तो पानी की तरह साफ दिखाई पड़ता है सत्य सौदर्य से भरपूर है सत्य की शक्ति ही जन्म और मृत्यु से जुड़ी है। सभी जिन्दगी के गहरे राज से चुक रहे है। जन्म तो सभी जानते है जन्म हुआ जन्म होने वाला है। लेकिन मृत्यु को सभी भूल जाते है। क्यों याद रखे? जन्म शुरुवात है और मृत्यु अंत है। जन्म से पहले अंत की बात कौन करेगा? लेकिन जिस तरह जन्म का जानना जरुरी है उसी मृत्यु का जानना भी जरूरी है। बिलकुल उसी तरह अपनी गलतियों का अनुवाद कौन करना चाहेगा। दुर्भाग्य की कथा लिखने बैठो बहुत लम्बी मिलेगी।

सबके जीवन की चेतना कुरूप, विकृत, विक्षिप्त सी दिखाई देती है। होता ये है की जन्म से तो सभी परिचित है जो दिखाई देता है। मौत दिखाई नहीं पड़ती दिखाई पड़नी भी मुश्किल है। दिखाई पड़ी तो अंत ही है।

मै खुद कलयुगी प्रेम लिखने का बहाना बनी। सभी कलयुगी लोग आधा–अधूरा जीवन जी रहे है। मै कलयुग क्यों कहूँ? क्योकि सतयुग भी हम

बनाते है कलयुग भी हम बनाते है। जहाँ दस लोग एकत्र हो जायेगे वहाँ ज्यादा दिन नरक नही बन पायेगा। वह स्वर्ग बन जाएगा वे आपस में तर्क वितर्क कर अपनी गलतियों को पहचान जायेगे। जब शान्ति आएगी तो आपस में प्रेम भी जागेगा। इसलिए सबसे पहले जीवन की चेतना को विकसित करना होगा। चेतना के विकास का एक ढंग है।

पूर्णता की और जाने की कोशिश ही नही करते। आज सभी लोग एक झलक देखना चाहते है। साधना के द्वारा एक झलक देख सकते है। गुरु झलक भर अपनी ऊर्जा पात कर दिखा सकता है। प्रभु का प्रसाद उन्हीं को मिलता है। जिनके मन में खलल मचता है क्योकि चौरासी के फंदे से छुटकारा चाहते है। साक्षात्कार पाए बिना गति नहीं।

सभी लोगो के भीतर की रामलीला जब तक पूरी तरह झर नही जायेगी। समाप्त नही होगी तब तक असली रंग नही चड़ पायेगा। भीतरी मन के शब्दों का जोड़–तोड़ समाप्त करना होगा। भीतरी मन का मैदान खाली करना होगा तभी प्रभु स्वीकार करते है।

अपने आपको प्रभु रस में थोड़ा डूबोना पड़ेगा। ठहरे पानी जैसा दिल हो तभी प्रभु का दीदार होता है। फिर सोचना नही रह जाता फिर प्रभु मस्तक में दस्तक जरुर देता है। प्रभु भी पल–पल सभी को परखता है टटोलता है तराशता है और तलाशता है। सहज नही आता एक विस्फोट सा भीतर मै होता।

यह गुरु पर निर्भर करता है। बाकी बुढापे में चश्मे वाली आँख तो सबको मिल जायेगी। यानी उपकरण (चश्मे) की आँखे तो सभी को मिल जायेगी। गुरु की शरण जाना होता है वह भी तत्व ज्ञानी हो। दिव्य आँख पाने के लिए गुरु मिलने के बाद सोना जागना सब समाप्त हो जाएगा।

मेरे हिसाब से जीवन और विश्राम यानि मृत्यु दोनों विरोधी शब्द है।

यह तत्व ज्ञान तो विश्राम यानी मृत्यु को जानना है। जीते जी कौन जानेगा मृत्यु को। लेकिन एक बात समझ ले यह जीवन का अंतिम मार्ग भी है। जीवन का अंतिम पडाव विश्राम का मार्ग है। कोई भाग्यशाली इस मार्ग की तलाश करता है। यह अंतिम विश्रांति को जानने का मार्ग है यानी मृत्यु का। असल में मृत्यु को ही विश्रांति कहा गया है।

आज का व्यक्ति मृत्यु की बात सुनते ही माथे पर चिंता की रेखाएं घिर आएगी। यह मृत्यु का डर ही तो है। माथे पर चिंता की रेखाए सिमट आना।

व्यक्ति की अंतिम शान्ति कब्र, मरघट, में ही है।

अगर जीवन भर अशांति की प्रतिध्वनियो में रहोगे तो मृत्यु से बच नही सकते। जीवन भर की अशांति मृत्यु में पीड़ा भरती है। मृत्यु की निंद्रा में अशांति भरती है। जैसा जीवन जिवोगे मृत्यु तो वैसी ही होगी। जीवन के कर्मो की परिधि में आत्मा को तृप्त किया जाए तो मृत्यु भी मोक्ष बन जाती है।

मैंने तो यहाँ तक देखा एक प्रकृति के भीतर परमात्मा का मन्दिर है। दुसरा मन्दिर स्वयं के भीतर परमात्मा का मन्दिर है। प्रकृति के भीतर बसा मन्दिर उसको देखने के बाद उससे सुंदर मन्दिर कोई और हो नही सकता।

मुझे तो अपने भीतर रोज एक नई भौर नजर आती मंदिर के द्वार तो सदा खुले मिलते है। आँख बन्द की जब मर्जी मन्दिर की सीढ़िया चढ़ जाओ। परमात्मा के अतिरिक्त मेरा कोई मार्ग नही। मैंने तो अपनी जवानी की पूंजी लगाई इस लोक से उपर परलोक परमात्मा को पा लिया। मैने धन की जगह धर्म एकत्र किया। पूरी सृष्टि में धर्म की गंगा बह रही है। मेरे भीतर वही गंगा बहने लगी उसी में मगन रह आनन्द में रहने लगी। धर्म को धन से नही खरीदा जा सकता है। आत्म ज्ञान के बगैर मुक्ति का कोई साधन नही। सत्य को समर्पण चाहिए परमात्मा की कल्पना वही कर सकता है जिसमे सत्य कमाने की हिम्मत हो।

एक जल्दी सुबह मै उठ बैठी वर्षो पहले की बात है। मन भीतर चल रही गुथिया खोलते–खोलते थक गई थी। हम अच्छा करते है तो भी बुराई मिलती है। सोच ही रही थी कि सामने पड़ी एक पवित्र पुस्तक पढने लगी। सत्य के मार्ग पर हूँ फिर भी अवेहेलना ही मिलती है। संसार में व्यर्थ का स्वांग भरा है।

आत्मा अस्तित्व और रिंद रप कुछ चुनिन्दा लाइन
आत्मा की मस्ती ने जिस्म में मचाई थी हलचल
नशा चढ़ता गया मै नाचती गई नाँद सुनती गई
अमीरस अंजली से भर–भर पीती गई नशा बढ़ता गया
अस्तित्त्व की चढाई चढ़ती गई दिन रात पीती चली गई
होश में न आयेगे तुम भी आओ अस्तित्व के मैखाने में

अब तो आओ वही बात होगी जश्न अस्तित्व में होगा गुप्तज्ञान का
अस्तित्व में मुलाकात होगी अमरस की बात होगी
जिसे देखनी है जन्नत वो सीधा चला आये
ऐसा नजारा न देखा पीते जाओ फिर भी भरा ही रहे
फैली है अस्तित्व में मुस्कराहट अपनी अपनी शिकन सब छोड़
मेरी तड़फ खीच लाइ है अस्तित्व की ओर मै सब छोड़ आई
प्रभु से नजर से नजर मिली मेरे आसुओ पे तरस खा गया
किसे दिखाए अपनी अमीरस भरी आंखे वो मुझे जोगन बना गया

एक अनचिन्हे प्रेम और उल्लास से देह काँप उठी। मुझे श्वास में अनचाह सा परिवर्तन आ रहा है। मेरे भीतर के काले बादल उमड़–घुमड़ कर छट रहे थे भीतर में सुख और संतोष भर रहा था। दिल तेज–तेज धड़क रहा था। मेरे पुरे तन दिलो दिमाक में खलबली सी मच गई थी। मैने जाना मेरे मन की तय में जहाँ–तहाँ सीलन की परते जमी थी। वह खुल रही थी मै चौकन्नी आँखों से झाँक रही थी। भीतर ही भीतर प्रभु प्रेम में भीगने लगी थी। बस ये सोच ले सागर की लहरों जैसा जीवन है। सागर में आती जाती लहरे बनती बिगडती दिखाई देगी। लेकिन सागर फिर भी बना रहेगा। सागर अजन्मा है लहरे सागर की छाती पर जन्म लेती है और सागर में मिल जाती है। इसलिए जीवन तो भ्रम भाँती है। हमारे भीतर बाहर प्रकाश भरा है बस कोई विरला तत्व ज्ञानी गुरु दिखा सकता है। पुराणों में कथा आती है।

पूर्णिमा की चांदनी रात शंकर भगवान और पार्वती माँ पृथ्वी की सैर को निकल पड़े। सारी पृथ्वी मंगल ज्योत्सना में डूबी थी। अब प्रभु पार्वती को साथ ले अपनी सवारी नंदी पर दोनों सवार हो गये। पृथ्वी पर भ्रमण को चल पड़े। अभी थोड़ा ही चले होगे पृथ्वी के लोग रास्ते में मिले। उन सभी लोगो ने माँ पार्वती और शंकर भगवान को नंदी पर बैठे देखा लगे अनाप शनाप बोलने। देखो–देखो कितने बेशर्म है दो–दो जन बैल पर चढ़ बैठे है बैल की तो जान ही ले लेगे।

यह बात सुनकार पार्वती माँ से रहा न गया। वह झट बेल से उतर कर पैदल चलने लगी। पार्वती माँ अपनी मस्ती में चल रही थी अभी थोड़ी ही दूर चली होगी लोगो ने फिर टोका। हँसने लगे देखो–देखो यह कौन बेशर्म सुकुमार बैल पर बैठा जा रहा है और एक अबला को पैदल चला रहा है। कितने मजे ले रहा है और हँसने लगे। बेशर्मी की भी हद होती है। अब

अपमान भरी बाते सुनकर शंकर भगवान बैल से नीचे उतरे और पार्वती माँ को बैल पर बैठा दिया। बैठाने के बाद कुछ कदम भरे होगे की लोगो ने फिर बोलना शुरू किया। ऐसी स्त्री पहली बार देखी है जो पति को पैदल चला रही है खुद मजे से बैल पर बैठी है। दुसरा बोला कैसी बेहया स्त्री पहली बार देखी जो बूढ़े पति को पैदल चला रही है आप हट्टी–कट्टी बैल पर बैठी है। घोर कलयुग आ गया यह देखकर दोनों पैदल चलने लगे। नंदी को साथ ले कुछ कदम बढाये होगे की लोगो ने फिर बोलना शुरू किया। देखो–देखो कैसे मुर्ख है कैसा हटता–कट्टा बैल साथ ले दोनों पैदल चल रहे है। देखो मूर्खो को।

अब तो भगवान भी सोचने पर मजबूर हो गये बड़ी मुश्किल आन पड़ी। दोनों मुश्किल में पड़ गए शंकर भगवान और पार्वती माँ को कुछ भी करने को बाकी न रहा। सामने भारी वृक्ष दिखाई पड़ा उसके नीचे नंदी को बाँध वे दोनों विचारने लगे। कुछ देर दोनों शांत रहे। नंदी सब देख और सुन रहा था अभी तक खामोश था कुछ न बोला। एकाएक जोर से हँसने लगा बोला मै कुछ कहूँ। एक रास्ता है और बोला आप दोनों मुझे अपने सिरों पर उठा ले। नंदी की बात सुनते ही दोनों को होश आया और दोनो हँसने लगें और दोनों नंदी पर फिर से सवार हो गये। आते जाते व्यक्ति बोलते रहे। कुछ न कुछ अपशब्द मुँह से निकालते रहे। असल में लोग बिना कुछ कहे रह नही सकते। रहे भी कैसे? नही रह सकते है। लेकिन भगवान और माँ चांदनी रात का आनन्द में मस्त हो गये। अपने आनन्द के लुत्फ में सब कुछ भूल गये कोई कुछ बोल भी रहा है। इसलिए जीवन में कुछ प्राप्ति करनी है तो राह में बोलने वालो की कतई नही सुनों वर्ना जीवन की यात्रा में कही नही पहुच पाओगे। दुसरो की बातों पर ध्यान देना सबसे ज्यादा आत्म घातक है। बिन मांगे दुसरो को सलाह कभी नही देना। उसका कोई मूल्य नही होता वह निरर्थक है। जो अपने विवेक से चलता है वहीं कामयाब होता है। जीवन की पूर्णता को प्राप्त करता है। क्योकि आज मनुष्य जन्म मिला है आगे मनुष्य जन्म न मिले ना जाने कितने वर्षो का इन्तजार करना पड़े। मनुष्य जन्म में ही अपने भीतर का पर्दा खोल सकते है। परमपिता परमात्मा का साक्षात्कार कर सकते है।

आज अचानक उस स्त्री की कही बाते भी बहुत याद आ रही है।

वहि सब मै लिख रही हूँ उसका नाम हेमा था। हेमा के साथ जो–जो

आनन्ददायी या दुखदायी अनुभूति घटी उसने जो–जो बताया और अपने जीवन की बहुत सी घटित घटनाओं की चर्चा अनजाने में कर गई। वहीं सब लिख रही हूँ। उस स्त्री में कुछ खास था तो आज तक ताजा बना हुआ है।

जब वह प्रक्रिया से वापस लौटी उसका चेहरा ही बता रहा था। वह बहुत खुश थी। उसके चेहरे की चमक से पता चल रहा था। मैंने पूछा क्या–क्या देखा? कुछ खास तो था। उसके जवाब सुनकर बहुत अचरज हुआ। मैंने अक्सर देखा इस तरह के लोगो के भीतर बहुत कुछ समाया होता है। एक स्त्री होते हुए स्त्रियो के भीतर की थाह पाना अति कठिन है। मुझे सदैव नये रहस्य खोलने की तलाश रहती थी। यही सोचती सबके सामने कैसे रखु। आज वर्षो बाद मौका मिला सत्य घटनाओं के आधार पर यह पुस्तक सभी के सामने रखती हूँ। हेमा ने जो रहस्य बताये उन्ही रहस्य को आपके सामने खोल रही हूँ। मेरे अनुभव तो माया के पार के है। परम उपलब्धि को उत्पन्न हो जाए तो घटनाएँ तो घटेगी ही।

व्यक्ति आज के कष्टों की प्रवाह न करे तो प्रभु ने पारगंत रूप देखने की महान शक्ति सभी में भरी है। रही दुःख सहने की बात यह मनोवृति मात्र है। जिसे हमने प्रतिकूल मान लिया वह ही दुःख बन जाएगा। जो अनुकूल है वह सुख महसूस होगा। साधारणतया गाली सुनकर लोगो को कितना दुःख होता है गुस्सा आता है। वहीं गाली यदि शादी ब्याह में दी जाती है तो खुशी होती है। अगर गालियों में दुःख सुख पहुचाने की शक्ति होती तो सर्वश समान प्रभाव पड़ना चाहिए। इसी से ज्ञात होता है सब मनोवृति पर अवलंबित है। संयमी व्यक्ति कष्ट नहीं समझता सत्य कहूँ तो सुख दुःख की सीधी–सादी परिभाषा अन्तर्मुखी होने के बाद समझ आती है। व्यक्ति के पुण्य उदय होते है तो तत्व ज्ञानी गुरु की खोज करता है। मन में अचानक एक लहर सी उठती है फिर इस और बढ़ता है।

विश्वास और योग्यता के आधार पर प्रभु का साक्षात्कार प्राप्त कर सकता है।

प्रभु का दिया बहुमूल्य मानव तन वरदान व्यर्थ न गवाएँ।
सत्य, शिव, सुन्दरता के दर्शन सभी कर सकते है।
चलो यह तो मेरी सुक्ष्म तरंगे बीज रूप में मौजूद खुली।
सभी की बन्द शक्ति अपनी अध्यात्म की बात समाप्त करती हूँ।

2

हेमा की भीतरी यात्रा

उस महिला (हेमा) की बात शुरू कहाँ से करू कुछ समझ नही पा रही।

कुछ तो वह महिला अध्यात्मिक थी अनजाने में प्रभु को जानती थी। ऐसे लोगो का साथ निभाना सबके बस की बात नहीं। ऐसे व्यक्ति संसारी से थोड़ा हट कर होते है। कुछ तेज अवश्य होता है। जिससे लोग स्वयं दूर हो जाते है। मैने स्वयं कई बार देखा है बहुत छोटे–छोटे कारण बन जाते है।

हेमा कहती हुई अपनी बात शुरू करती है।

"हेमा" एक रात अपने ही मन को अपने भीतर भीगता हुआ देख रही थी। न वर्षा का मौसम न हवा की झंकझोर जैसे मेरे भीतर का रास्ता श्वाँस भी भूल गई हो। आज क्यों अकेली भटके हुए मेघ की तरह नजर आ रही हूँ। कुछ पता नही चल रहा मेरे भीतर क्या चल रहा है। मुझे बिना बताये जैसे कोई देख रहा है। आज क्या हो गया मुझे अपनी ही देह की भाषा भूल रही हूँ। रात कुछ अनजानी सी लग रही है।

"हेमा" अँधेरी रात थी हल्का सर्द मौसम था। ठंडी हवाए चल रही थी। तेज पत्तो और फूलो के खिलखिलाने की ध्वनियाँ जैसे हवा में घुल रही हो। रात कुछ अजीब सी उलझी नजर आई। बिखरा–बिखरा सा मन खुले बाल आधी रात न जाने क्यों एक अजीब सी बैचेनी महसूस हुई। सोचने लगी सभी की जिन्दगी कितनी रहस्यमयी है। सभी की जिन्दगी सघर्ष से भरी है।

अपने आप में ना जाने क्या खोजती रहती हूँ। इतना कुछ खोजने के बाद भी क्यों भीतरी तलाश पूरी नही होती? आज बहुत पुरानी सी बात याद

आ गई जिन्दगी के शुरुआती दिन कितने सघर्ष भरे थे। आज सामना करते–करते जैसे मै अपने आप में सिमट गई। भीतर एक अजीब सी चिंगारी महसूस की। सोचने लगी प्रभु मैने अपना अंतरमन खाली कर तुम्हारी अनुभूति को भर लिया। फिर आज ऐसा सन्नाटा क्यों महसूस कर रही हूँ। शायद दुसरे मेरी बात आज तक नही समझ पाए। न ही कभी समझ पायेगे दुसरो के अंतरमन में पहले ही बहुत कुछ छिपा रहता है। यह बात मैने अच्छे से जानी उन्हें स्वयं ही ज्ञात नही होता। उनकी परिभाषा में इतना ही कह सकती हूँ की सभी के भीतर एक घर बसा होता है। भीतर में बैठ वही संकट बन जाते है उन्ही का इन्तजार करते है।

हे प्रभु ......
आज सुनो मोरे पीया ये कैसा संदेश दे जात हो
ओह आज देह में उभरी कितनी गहरी प्यास
लयबद्ध हूँ तुमरे साथ फिर रुक–रुक कर चलती श्वास
अपनी परछाई का हुआ सुगन्धित हल्का सा एहसास
फिर क्यू दीखता बिखरा–बिखरा चित गुनगुना सा मौसम
समीर टकराये छेड जाए मुझे सुनाये मधुर मृदंग
आज भरे है नयन मेरे तन का कोना–कोना सींचता जाय
मै लड़खडाऊ अत्यंत तीव्र वेग शांत भाव से बहती जाऊँ

"हेमा" बोलती चली जाती है। हेमा के फ्लेट के सामने जमींन का मकान था बाहर की सुंदरता आधी रात को भी लुभाती थी। अचानक मुचड़े कपड़े और बिखरे बालो समेत बालकनी में खिड़की के पास जा खड़ी हुई। पास में एक कंघी पड़ी थी। उसे उठाकर बालो पर फेरने लगी। बाल सीधे होने पर कुछ चैन पाया। फिर हाथों को बगल में लिया। खुशगवार मौसम बाहरी रहस्यमयी सृष्टि पर नजर गई। प्रकृति का नजारा आधी रात को देखने लायक था। बाहरी फूलो की गंध का झोंका मुझसे टकराया।

आज अपनी गहरी आँखों में फडफड़ाहट महसूस की जाने क्या संदेश देना चाहती थी। समझ नही पाई। आधी रात बैरन नजर में पंखुड़ियां सी खिल रही थी। अनायास इतनी बैचेनी ये तेज हवाएँ अचानक मेरी जिन्दगी

में क्या भर देने वाली थी। बार–बार हैरत में डाल रही थी। आज की रात सामान्य नजर नहीं आ रही थी। आज मेरी किसी से कोई शिकायत नही। फिर क्यू अज्ञात सा रहस्य मालुम हो रहा है। अपने आप में अजनबी बनी हुई हूँ। जर्रे–जर्रे से निकली आवाज अज्ञान रहस्य से भरी नजर आ रही थी। रात अँधेरी गुफा जैसी नजर आ रही थी। तारे झिलमिलाते हुए से दिखे परन्तु हवा कुछ तूफानी सी नजर आई। हवा का गर्जन आकाश में उड़ता साफ महसूस कर रही थी। क्योंकि पेड़ पौधो की पंखड़ियो को फडफड़ाता देख रही थी।

सामान्य तो कुछ भी नही नजर आ रहा था। घर में माँ पति और अन्य कई व्यक्ति मेहमान के तौर पर शामिल थे। शायद कल अधिक व्यक्तियों से मिलना हुआ। इस वजह से तो बैचेन नहीं था। कुछ समझ नहीं पा रही थी मैने किसी से कोई खास बात नहीं की। आधी रात अपने ही विचारों में उलझी सी नजर आई। साथ ही ऐसे लग रहा था अपने मूल से थोड़ा खिसक रही हूँ। प्रभु के मूल से हटती नजर आ रही थी। दुसरे ही क्षण हिम्मत बाँधी और एक लम्बी श्वाँस भरी आकाश की और देखा सच में क्या खजाना भरा है। मै कुछ समय ही इस रहस्य से ओझल हो गई थी फालतू के कौन से विचार मन में भर रही थी। अब कुछ देर आकाश के साथ जुड़ कर प्रभु रस का आनन्द लेती हूँ। मन में एक नई आशा सी जाग उठी थी।

प्रभु तो प्रेम का विषय है। प्रभु की बौछारों को भीतर में समेटकर ध्यान लगाया सागर की और चल दी। इसी तरह दो घंटे निकल गये। भगवान महावीर ने खड़े होकर ध्यान लगाया उनकी युक्ति अपने आप मेरे भीतर चलने लगी। भगवान महावीर शक्ति का बोझ कैसे सम्भाल पाए। वे आकाश से शक्तियाँ उखाड़ लाये। खड़े–खड़े अमीरस पीया। ऐसे दिव्य संतो को मेरा कोटि–कोटि नमन। उसके बाद मैने शरीर को सिकोड़ा अपने को आकाश की शुन्यता की और छोड़ दिया। उड़ने का यही आनन्द है। प्रभु का अमरस जिन्दगी के उन दिवानो के लिए है। जो प्रभु को समर्पित हो प्रभु की इस राह को अपनाते है। जो असीम को पाना चाहते है जिसकी कोई सीमा नही।

कुछ देर बाद विचार समाधि से बाहर आई मुस्कराते हुए दिल की गहराइयो से निकल आई। अभी अन्धेरा ही था। जाड़ा शुरू हो रहा था। मैनें हल्की जैकेट पहनी और घर से निकल पड़ी। सड़क सुनसान दिखाई दी इक्का–दुक्का कोई दूर दिखाई दिया।

(हेमा) मै अपनी मस्ती में निकल पड़ी राह पर चलती रही। मौसम

मतवाला था पेड़ो पर पक्षियों की हल्की खनक कानो में रस घोल रही थी। मै अपने प्रभु प्रियतम की धुन में धरती पर पैर बिछाए जा रही थी। मै भी इतराए मन से एक जनून में चल रही थी। सच में मन के घोंसले में उड़ते आनन्द का अनुभव प्रकट नही किया जा सकता। मै तो पक्षियो की तरह उड़ती चलती जा रही थी। मंद सी मुस्कराहट के साथ मैने चेहरा उपर उठाया राह में आते जाते पेड़ पौधो और फूलो को देखती रही। रंग बिरगे फूलो को धरती पर देख कर मन भौरे जैसे गुंजाने लगा। वातावरण महक रहा था। धरती फूलो से कालीन की तरह खिली हुई नजर आ रही थी।

अपनी धुन की मस्ती अचानक मेरी नजर एक पेड़ पर गई बड़ा भारी वृक्ष था उसके नीचे सफेद कपडे में कुछ बंधा पड़ा था। उसे देख अजीब सा महसूस हुआ। पहले तो मैने मुँह फेर लिया। फिर नजर उधर खिंच गई। मै उसके नजदीक गई तो जाना कुछ लिपटा हुआ सा था। जैसे ही गहरी नजर से देखा अचानक से उसको हिलते पाया। यह देखकर मैं चोक गई। मैं उसके नजदीक गई। कुछ तो रहस्यपूर्ण दिखाई पड़ा। हाथ लगाने से थोड़ा डर रही थी। पहले तो देखा कोई नजर आ जाये तो बुलाकर देखू। पर नजदीक में कोई नजर नही आया। देखा सफेद कपड़े को खोलकर उसमे प्यारी सी बच्ची लिपटी पड़ी थी। मैने चेहरे से कपड़ा हटाया तो मुस्कराने लगी आँखे बन्द थी। उसकी प्रेम भरी मुस्कान मुझे उसके करीब ले गई। हाथो में उठा लिया। गले से लगाया। अजीब सी धड़कन धड़कने लगी। डर भी लग रहा था। नजदीक में कोई दिखाई नही दिया। किसी से क्या कहूगी? यह सब सोचने लगी। हाथो में बच्ची को लिए सोचती रह गई। होश में न रही देर तक वहीं खड़ी रही।

खिलखिलाती हँसी मोसे कैसे कहे अपनी पीड़ा
सुखा जीवन !! थी अनजान होगा ऐसा वियोग
मुँख बरसे मेघ !! प्रेम से सुनी !! न माँ की पुकार
मधु ऊषा के आंचल में ली करवट मुख कमल समान
तन की शोभा क्या लिखू आलोक मधुर थी उसकी महान

3

घनेरी रात पेड़ की छांव में सोई बच्ची

जिन्दगी ने कई बार हेरत में डाला लाख भुलाने की कोशिश करो। ऑह क्या बताऊ किस्सा तो पुराना है याद आ ही जाते है। मैने उस मासूम बच्ची को गोद में उठाया और घबराई हुई इधर–उधर ताकने लगी। शब्दों में उस बच्ची का दर्द ब्यान करना मुश्किल है। सरसराती ठंडी हवा बगल से निकल रही थी। मैने बच्ची को प्रेम सहित गोदी में दबोच लिया। उसके अंग कुछ तने हुए से महसूस कर रही थी। हवा के झकझोर से उसे बचा रही थी। उसे अहसास दिला रही थी तुम भटके हुए मेघ की बूंद नही हो। तुम खिलते गुलाब की कोमल पंखुड़ी हो। पृथ्वी ने तुमको छुवा तुम पार हो गई हो। खुले आसमान में जन्मी धरती माँ की गोद में आई। इसलिए तुम्हारा नाम प्रज्ञा नही पारग्या होना चाहिए।

मन में इसी तरह ढेरो सवाल उठ रहे थे। अपने आप सवाल जवाब उतर रहे थे।

आज मन का गजब सा माहोल हो गया ढेरो सवाल मन में गूंजने लगे। लगा जैसे मन का ब्रेक फेल हो गया हो। प्रकृति मुस्करा रही हो। रात्री मुस्कराती हुई विदा के लिए तैयार थी सूर्य उदय को बेकरार। यह रहस्यमयी अज्ञात सुबह उदय होने वाली थी। मन में सवाल उठा कौन चांदनी रात में

वृक्षों की छाया में अपने प्रेम की निशानी को छोड़ गया।

मुझे बहुत घबराहट हो रही थी। मै बच्ची को गोद में लिए इधर–उधर देख रही थी। तभी एक लाल रंग की गाड़ी मेरे पास किनारे आकर थमी। उसमे से एक युवक झांका बाँह निकाल कर बोला किसका इन्तजार कर रही हो। मै आपको छोड़ सकता हूँ। आपको कहाँ जाना है? मेरे मुँह से झट निकला अनाथ आश्रम यह बात सुनकर युवक अजीब सी उलझन में दिखा। हैरानी से सहज मुस्कराते हुए बोला। इस समय आश्रम बोलकर थोड़ा रुका। मैने उसका चेहरा पढ़ लिया था ढेरो सवाल उसके चेहरे पर उभर आये थे।

सूर्य निकल चुका था मैने खुद को कुछ तरोताजा स्फूर्ति से भरपूर पाया।

मै बोलने लगी थी मै तो घुमने निकली थी कल्पनाओं से घिरी मन में ताने–बाने बुनती राह में चलती जा रही थी। अचानक से बच्ची पर नजर गई। क्या कहूँ मेरे भीतर अनेक सवाल घूम गये। कुछ देर तो अपने में गुम हो गई। विचारों की पीड़ादाई लपटों से घिर गई। अपने भीतर ही एक सरसराहट सुनाई पड़ रही थी। श्वास कोयल की कुहू–कुहू की तरह चलता नजर आया। इन ध्वनियो को सुनकर अपने भीतर हिम्मत जुटा रही थी। हाथ पैर काँप रहे महसूस कर रही थी। एकाएक विचारों से मुक्त हो बाहर आई। सोचने लगी व्यक्ति स्वयं की जीवन ऊर्जा सृजनात्मक शक्ति को किस तरह विध्वंश कर सकता है। घनेरे अन्धकार की रात्री में अपना विनाश रस पैदा कर गया। वह पुरुष कितना कायर रहा होगा। मै इसको क्या कहूँ? हत्यारा या आत्मघाती। स्वमं को नष्ट करके यह चरम परिणित आत्म हिंसा हुई। विनाश के किस विकल्प से बचना चाहता था जो स्वयं की परछाई को अलग किया। यह गर्हित रस उसको विनाश की और ही ले जाएगा। कैसा समय आ गया बीज विष के बोते है आकांशा अमृत फलो की। क्या संभव हो पायेगा?

फिर एक अजनबी ने यौवन की दहलीज पर कदम रख
किसी की राह मोड़ दी सुलगता हुआ छोड़ जिन्दगी धुँवा की
यौवन के सुनहरे बुने सपने तोड़ किस मोड़ ला धरती पर पटका
खुशी दे न सका दर्द देकर प्रेम का खंजर घोप टुकड़े–टुकड़े किया
क्या लिखू किसी के दिल की हकीकत मन बेहोश था मेरा
आँख से पानी बहने को तैयार, हाथ सुन्न थे कलम खामोश हो गई

किस दिल की बस्ती में सन्नाटा छाया बगिया का फूल दफनाया गया

किसी की वासना का शिकार कहूँ या अपनी जिमेवारी से डर गया कोई

अभी मन में गुम थी सोचा सच ही वासना शब्द को घृणा से भर दिया जाने अपने भीतर क्या शब्द बुनती चली गई। कुछ लोग जीवन को हंसी खेल में ही लेते है मनुष्य जन्म को केवल भोग ही समझते है केवल सुख सुविधाएँ भोगने के लिए आते है किसी भी वस्तु को भोगा और मार्ग से बाधा हटा दी। जीवन के संघर्ष को स्वीकार ही नहीं करते है। मन में विचारों का खाता चल रहा था।

युवक बोला बैठिये आप क्या सोचने लगी। इससे पहले मैं बैठती वह गाड़ी से बाहर आया और जेब से फोन निकाला जाने किसको फोन करने लगा। मेरे पूछने पर बताया पुलिस को फोन करने लगा हूँ। युवक ने फोन किया कुछ ही देर में पुलिस आ पहुँची।

आज प्यारी सी बच्ची सबकी धुरी बनी थी। पूरा अस्तित्त्व में गजब की शान्ति बनी हुई महसूस हो रही थी। जो भी उसकी और देखता मुझे उदास ही नजर आया मेरे हाथो में वह बच्ची थी मै बहुत खुश थी। मेरे तन में एक अजीब सी खुशी और साथ ही हदय में कम्पन्न महसूस कर रही थी। सृष्टि की एक जननी मेंरे हाथ में थी। कैसी अनहोनी थी एक जीवनदायिनी को लिए खड़ी थी। जो केवल देने ही देने आई है। रूप चाहे कोई भी धार कर आई हो। मन में यही कामना कर रही थी। जिस परिवार का सदस्य बने उस परिवार का सदस्य इसकी हर मनोकामना पूर्ण करने में सक्षम हो। मेरी यही कोशिश और आशीष थी। इस बच्ची का लालन–पालन उचित ढंग से हो और शिक्षा–दीक्षा पाकर संसार में सम्मान सहित जीवन जीने योग्य हो जाए। जिन्दगी में कठिनाइयां तो आती ही रहती है। जीवन तो सोने की तरह तपता ही रहता है तभी खरा सोना बनकर मूल्यवान बनता है। इस बच्ची की कठिनाइयो की तपिश ने इसे आज से तपाना शुरू कर दिया। कितनी अनजान है आज से इसकी तपिश शुरू हो गई है। अपनी शरीर रूपी ईंट से अब संसार रूपी भट्टी में तपने वाली है। मै तो यही सोच रही थी जिन्दगी में कितनी कठिनाइयो की तपिश में बुरी तरह तपने वाली है। वही तपिश इसको मूल्यवान भी बना सकती है। नीचे भी गिरा सकती है जाने क्या कर जायेगी यह बच्ची। खैर सभी की जिन्दगी में कठिनाइयाँ तो आती ही रहती है। हमें बस घबराकर हताश नही होना चाहिए।

पुलिस की गाड़ी काफी देर से पहुची हुई थी पुलिस वाले थे बच्ची को देख कर इधर–उधर बात करने लगे मै पत्थर की तरह खड़ी अपने ही विचारों में खोई थी। कब वहाँ दो घंटे निकल गये पता नही चला। मुझे भी पता न चला कब पेड़ के नीचे बड़े से पत्थर पर बैठ गई। जब होश आया तो अपने को बैठे पाया। बाकी सभी की और देखा तो इधर–उधर अपनी बातो में मस्त पाया। एक नजर आते ही बच्ची को देखने के बाद सभी के लिए बहुत सामान्य सी बात नजर आई।

मेरे घरवाले भी पहुँच गये क्या बात हुई आज वैसे ही रात भर कुछ चिंता में थी कही मर–मरा तो नही गई। वे भी गुर्राते हुए पहुँच गये बोले क्या तमाशा है किसकी बच्ची हाथ में लिए खड़ी हो। क्योकि जब हम अपने में ज्यादा रहने लगते है दुसरो की बात ज्यादा मानने लगते है। यह बात दुसरे लोगो को कुछ हजम नहीं होती। अपना स्वभाव कोई छोड़ना नहीं चाहता मजबूर है बेचारे उनके हाथ में कुछ भी नही। मैंने तो इतना जाना जिन्दगी में छोटी–छोटी समस्याओ से जूझने से भी हममे हिम्मत आती है।

थोड़ी देर में एक गाड़ी अनाथ आश्रम से आकर रुकी। मुझे वे समाज सेवक से ज्यादा अमीर दिखे। बच्ची को देखा तक नही लगे बोलने अनाप–शनाप। पुलिस वालो की तो बाते ही खत्म नहीं हुई जाने किस विषय पर चर्चा कर रहे थे। सुबह के 9 बज गए थे आज तो मुझे भी लगा जैसे मै भी सुपर वुमन की तरह लग रही थी बस पंखो की कमी थी। बच्ची भी भूख में मारे हिलने लगी अंगडाई लेने लगी थी। मुझे भी भूख लगने लगी थी मैंने पूछा क्या बात है इतनी देर क्यों लग रही है। उन्होंने बताया अनाथ आश्रम का हमारा मेन हेड जो बाहर गया हुआ था। वही निर्णय लेगा। अभी हम बच्ची को ले जाते है। फिर पुलिस वाले भी मुझे बात करते देख इधर आ पहुँचे।

मैने उनसे एक प्रार्थना की अभी इस बच्ची को मै घर ले जाती हूँ। कोई भी गोद लेने आये तब मेरे यहाँ से ले जाए। पुलिस वाले राजी हो गये। मैने कहाँ आप मेरे घर का पता नोट कर लीजिये। उन्होंने कहा हम आपको छोड़ देते है। अनाथ आश्रम वाले सुन रहे थे उन्होंने कुछ नही बोला। अपनी गाडी में बैठ कर चल दिए।

मेरे परिवार वाले भड़क उठे पहले ही काम–धाम कुछ करती नही। एक और मुसीबत साथ ले ली अब इसको कौन समझाये अपनी करेगी। मुझे बोला

क्यों सुबह–सुबह मुसीबत मोल लेती हो पकड़ाओ इनको और घर चलो। अभी तो मेरे भीतर बोलने की क्षमता नही बची थी। सोच रही थी महिलाओं से ही सारी अपेक्षाए क्यों? अब मै किसी से कुछ नही कहना चाहती थी। बहुत देर वाद–विवाद के बाद तय हुआ चलो। पुलिस वाले भी तकाजा मचाये हुए थे चलो। हम लोग जल्दी–जल्दी पुलिस की गाड़ी में बैठे और घर आ गये।

समाज में उन तत्वों की प्रतिष्ठा कम करना चाहते जो गलत तरीके से भीतर वासना का संग्रह कर किसी के साथ खिलवाड़ करते है। उनका पर्दापाश करना कोई बुरी बात नही है। बुराई यहाँ मालुम होती है किसी के भी आचरण के गलत पक्ष को उदघाटित करके उसमे रस लिया जाये। किसी की बुराई में रस लेना बुरी बात है। जितना अच्छाई में रस लेकर उसको उसको उजागर न करना भी बात तो बुरी है। सैकड़ो घटनाए ऐसी घटती है जिन्हें उजागर करने से सभी के चित में अच्छाई के प्रति अच्छी भावना जागती है।

आज वैसे दुनिया से सच्चाई और इमानदारी लुप्त सी हो गई है। कितनी आवाँछित घटनाए होती होगी परन्तु इस प्रकार की घटनाओ का लुप्त रह जाना समाज के लिए कल्याण कारक नही। कैसे कहूँ मनुष्यता एकदम समाप्त सी हो गई है। किसी न किसी के जीवन में इस प्रकार की घटनाए सामने आती है जिन्हें लोग भूल जाते है। कौन ठगा गया किसने धोखा खाया क्या कह सकते हैं बात को गहराई से जाने बिना।

उसी तरह मेरी बात घर वाले सुनने को तैयार नही थे सभी बहुत घबराए हुए थे। उनको देखकर मै भी थोड़ी घबराई हुई थी। इस तरह की घटनाए भी कम मिलती है जब लोगो ने मदद की हो। अकारण सहायता मिली हो। कम ही दिखाई देते है जो निराश मन को ढाढस पहुँचा हिम्मत बंधाते हो। मै तो मन में प्रार्थना कर रही थी प्रभु जो संकट आये तेरा कहकर स्वीकार करती रहूँ। मुझे उसी में शक्ति मिलती रहे। मेरे भीतर आशा की ज्योति कभी न बुझे। मै मन से कभी निराश न होऊँ।

थोड़ी देर बाद पडोस की एक बुजुर्ग महिला मेरे पास आई। मै उनको माँ कह कर पुकारती थी। हाथ में थोडा गर्म दूध था। उसने मेरी गोद से बच्ची को लिया पहले शुद्ध शहद चटाया। बाद में चमच से बच्ची को दूध पिलाया। उसके बाद नहलाया और एक मोटे कपड़े में लपेट दिया। साथ में पड़े बेड पर लिटा दिया। बोली बहुत शांत बच्ची है। बड़ी सुंदर और नाजुक

है। किसी के गहरे प्रेम की निशानी है। इसके चेहरे का तेज आखँ खुलने से पहले ही नजर आ रहा है। काफी देर तक निहारती रही। उनके चेहरे पर बड़ी शान्ति नजर आई। इधर उधर दृष्टि दोड़ाई कुछ कहने लगी। मुझे देखने में लग रहा था उन्हें दमा है। अवस्था के साथ–साथ उनका शरीर काफी ढल चुका था। उनकी हाथों पैरो की नसों का उभार साफ दिखाई पड रहा था।

उन्होंने मेरी शंका को भाप लिया बोली मै स्वस्थ हूँ। मुझे दमा नही है। हाँ कई महीनों से थोड़ी मुझे खांसी अवश्य आ रही है। काफी दवाई की जाने का नाम नही ले रही। मैने बाहर ड्राइवर से सारी बात सुनी तो सच्चाई का पता चला।

उनका घर मेरे फ्लैट के सामने जमीन पर कुछ उँचाई पर बना था। सामने प्राकृतिक सौन्दर्य का दिखाई देना बड़ा आनन्द का अहसास होता था। बड़ा नीम का वृक्ष लगा था। वृक्ष पर चिडियों के मधुर स्वर कानो में गूंजने लगते। सुनते ही मेरे चहरे पर जादुई मुस्कान उभरने लगती। सुबह–सुबह उठ कुछ देर चुपी साध सुनकर मन मुग्ध पागल सी हो जाती। कई बार महसूस होता मै हूँ भी या नही।

वह बुजुर्ग माँ अक्सर वहाँ नीम के पेड़ के निचे अकेली बैठ कर ना जाने क्या सोच में बुनती रहती थी। वैसे तो किसी से बात नही करती थी आज अचानक कैसे अपने आप मेरे पास चली आई। मै ही एकाध बार राम–राम करने चली जाती थी। देखा लम्बी अवधि से राम–राम का जवाब भी नही देती थी। नही तो राम–राम कहते ही खाट से उठ जाती। मै दूर से निकल जाती तो वहि पर कुछ उदास सी बैठ जाती। चाहती थी आकर मुझसे बात करे। उन दिनों हम जल्दी में होते थे।

मुझे शांत देख बीच में ही बोली। इस बच्ची के अंदर कोई बहुत बड़ी व्यथा छिपी दिखाई पडती है। इसे गोद में लेकर कुछ देर शान्ति महसूस हुई और अच्छा लगा। कुछ देर बाद मैने बात का विषय बदल दिया।

दूसरी तरफ घरवाले धीरे–धीरे बोल रहे थे या कहूँ बड़बड़ा रहे थे मेरे कानो में धीमी आवाजे पड रही थी। अपना काम खुद करने की आदत होनी चाहिए। कामचोर कही की चलो ये सब सुनकर भी मेरे भीतर की अच्छाई की भावना ही जागती है।

मै भी नहा–धोकर थोड़ा आराम करना चाहती थी। कुछ देर के लिए मै सब भूलना चाह रही थी मुझे ऐसा महसूस हो रहा था। सभी आत्माएं

कितनी प्यासी है मुझे अपनी और खींच रही है। अपने मन में जाने क्या–क्या कहानियाँ गढ़ बैठी।

मुझे ऐसा लगा जैसे आज पुरे ब्रह्मांड में अकेली भटक गई हूँ। क्या कहे चलने के लिए परछाई भी किसी का सहारा मांगती है। मैने भी सोचा देखा जायेगा चल मन दुलकी चाल। दिल की धड़कन ने भी आज दिल का दरवाजा बन्द कर लिया हो अपने भीतर अजीब सन्नाटा सा छा गया हो। मैने अपना दुपट्टा सिर पर लिया पल भर को आँखे बन्द कर ली। एक झपकी ली फिर उठी नहाई धोई थोड़ा खाया। अपने भीतर कुछ दर्द सा महसूस हुआ थकी मांदी सी बच्ची की और उकसी, प्यास जगी बच्ची को जी भर के देखू।

बच्ची को लेकर एक उमंग तो थी तन–मन सुलग रहा था। मन की हरियाली जैसे गायब सी हो गई घबराहट से देह झुलस रही थी। मन में लोगो के प्रश्न भिनभीना रहे थे। जाने कौन बिरादर की है देह से बहुते सुंदर है तीखे नैन–नक्श है। सभी प्रश्नों की गूंज मेरे भीतर को छिलती हुई निकलती रही। आज तो भोजन का स्वाद चला गया। नींद ने जैसे अपने दरवाजे बन्द कर लिए हो। आने का नाम ही न ले रही घंटो लेटे–लेटे युँ ही बीत गये। खैर पल–पल बीत रहा था घंटो बीत जाने के बाद मै कनमना कर उठ खड़ी हुई। बच्ची का गोरा हाथ चूमा बेसुध सोई थी आँखे अलसाने लगी। उसे देख मेरे मन में बंधी कुछ पंक्तियों की गठरी खुलने लगी।

वृक्ष के फूलो से उतरी कन्या
खुली नही आँख अभी
चलाए नही हाथ पैर भी
पड़ी नही किरणे सूर्य चाँद की
सभी बंधन तोड़ छोड़ दिया
मानव रे मैं क्या कहूँ तुझे?
कहाँ छिप बैठा तांडव करके
वासना का श्रृगांर छोड़ जंगल
ह्रदय प्रेम जरा न मैथुन हुआ
अंतरवृतिया भारी कैसे मारी
विरह वेदना पश्चाताप नही
क्यों नही बरसे आँसू पीड़ा के

4

अनाथ बना बच्ची को छोड़ा जंगल

प्राचीनकाल से ही समाज की बड़ी विडम्बना रही है। वैसे भी जिस घर कन्या का जन्म हो वह उसका अपना घर नही कहा जाता। विवाह के बाद परम्परा अनुसार जिस घर जायेगी वहि उसका अपना घर होगा। आज इस नन्ही सी बच्ची को देखकर ना जाने क्या—क्या सवाल मन में उठ रहे है। मुझे नन्ही बच्ची से अपार पीड़ा झरती नजर आ रही है। किस अपराध में निष्कासित किये जाने पर जंगल में जीव जन्तुओं की शरण में छोड़ दिया। भला ऐसी कौनसी माँ थी जो अपनी कोख से जन्मे को अपने हाथो मौत देना चाहेगी। सृष्टि की हर माँ कैसी भी हो ऐसा नही कर सकती। एक माँ दुनिया भर की बलाए अपने सिर ले लेगी। मेरी आँखिया भर आई।

छलकती आँखों में पैगाम भरा
जिस्म में बैचेनी साँसों में धडकने
परिंदों सी मचलती तकलीफ मन में थी
दिन चढा महकती रौशनी में सूर्य का नूर झरा
परिंदों ने भरी उड़ान खुले आसमान में मची चहचाहट
छलकती आँख चमकती नजर आई कहां मगरूर थी प्रभु
बाहर बरसात जमीन कुछ गीली—गीली सरसों जैसी सुनहरी किरणें सूर्य से निकली

मै आँख उठाकर देखती हूँ दिन चढ़ आया। मेरे मन बहुत कुछ भरा था परन्तु लिखने का कभी ख्याल नही आया। आज साध्वी जी आपको बोल रही हूँ इसका भी न जाने क्या कारण है। मेरे भीतर एक बोझ सा भरा था। मेरे भीतर अजीब सा भारीपन लगता था। कभी इतनी गहराई से बात ही नही हो पाई किसी से। मुझे कोई बहाना चाहिए था सब बोल दू। आज मेरे मन की हालत कुएँ जैसी बनी है मन रूपी कुएँ में बाल्टी डालो सब बाहर निकाल लो। सीधा–सीधा बोलू तो मन बहुत उचाट था। मै बिलकुल खाली होना चाहती हूँ। आपको लिखना मुश्किल हो जाएगा। हेमा बोलती चली गई। बोलते–बोलते ख्यालो में खो गई।

किसी ने झकझोर कर जगाया जगाने पर अपने होश में आई। एक पल को अपने चारो ओर अन्धेरा घिर आया था। पल भर को समझ न आया कहा हूँ। धीरे–धीरे होश आया सामने कोई तस्वीर दिखाई दी। मेरी खास दोस्त थी अबे मै हूँ। कहते–कहते एक चिट्ठी मेरे हाथ में थमा दी। कुछ मन में बोलते हुए चली गई।

खिड़की से झाँक कर देखा तो कुछ देर को मै भी दिशा भ्रम सी हो गई। मै पत्र को देख जाने कहा गुम हो गई थी। मैने वह चिट्ठी बिना पढ़े अपनी जेब में रख ली। रात का प्रथम पहर शुरू हो चुका था। तेज हवा अभी भी जारी थी। हवा के झंकोरो की तरह भभकती हुई स्मृतियाँ मन में इसी तरह आती जाती रही। अपनी ही यादो की भयावह लपटों में लपटों से घिरी खड़ी थी। सूर्य मंडल तो अपने निश्चित मार्ग से चलता है। उनके दर्शन के बाद ही जीवन के सघर्ष की शक्ति बढ़ जाती है। परन्तु सूर्य को देखते ही अपना जीवन विचित्र घटनाओं से परिपूर्ण नजर आता।

सूर्य की एक किरण से ही एक आकर्षण शक्ति से मेरा मन काँप उठता। ऐसा ज्ञात होता है जैसे आज फिर कोई गहरा राज मुझसे टकराने वाला है। मेरी नजरे भी काल्पनिक सूर्य के चारो और घुमती हुई होश में आती है। अभी तो आनन्द है। बड़ा आनन्द है। इसका आनन्द लो। सहन करने का साहस भी सुबह सूर्य की रौशनी देगी। विचारों की धारा में जलते हुए अस्तित्व में फैली ठंडक महसूस करने लगी। गहरे से नजरे गड़ाकर सब देखने लगी।

मै तो अपनी अवांछिद घटनाओं के घटने से जैसे लुप्त सी हो गई। मन में संदेह सा जागृत हो गया था कौन किसको धोखा दे रहा था। मन ने एक

करवट सी ली। फूल पौधो को नाचते हुए देखने लगी। मन छपाक से शरीर में घुल कर हवा के आनन्द में घुमने लगा। रोये–रोये को आनन्द छूने लगा। अंदर ही अंदर घूमते हुए हवा में स्वच्छंद किलोले करती फिरने लगी।

खिलखिलाती हवा बरसती फूलो पर
सुनती हूँ टहनियों की प्रतिध्वनियाँ
उदास मन ढूढ़ लेता है जीवन के राग
देखती हूँ फूल खिलते है हर मौसम में
फिर मै क्यूँ शाम ढलती दिए सी जलती हूँ
चाहती हूँ मृग सी भागना, मयूर सी नाचना
क्यूँ अपने ही भीतर दर्द सी बिजली गरजती है
सूरज सी दहकती आग भड़कती है
क्यूँ नही चाँद सी शीतल चमकती
बड़ी बेदर्द है ये गम की शाम खिलवाड़ करती है
गुजरी है लम्बी गम की शाम दिल ना–उम्मीद नही
गजब की पहेलियाँ लिखी है किसमत में
सफर भी लंबा लिखा है मंजिलो का कोई अता–पता नही
अब किसके सामने खोलू दर्दो का किस्सा
दर्द की बारिशो में भीगते रहे दिन–रात
सुखो को तलाशते–तलाशते गुजारी है जिन्दगी
हाथो में पड़ी लकीरों के फरेब को पहचाना है मुक्कदर ने
कोई बिखर जाता है आवारा बंजारों की तरह
कोई संवर जाता है किसी शहंशाह की तरह

मेरा जीवन शुरू से ही अवहेलित रहा। दादी ने बताया था जब मै पेट में थी तब गाँव में भयंकर तूफान आया था हवा का रुख ही बदल गया था। सभी को जान के लाले पड गए थे। इधर–उधर भागम–भाग मची थी। कितने घर ढह गये थे गाय–गोरु, छेड़ी–भेड़ी तकरीबन सभी के मर गए। कितने गाँव बर्बाद हो गए। बहुत नुक्सान हुआ।

सभी ने ढेरो मनोती मांगी। राम–राम कैसे–कैसे लोग बचे। परन्तु मुझे तुम्हारी माँ से ज्यादा तुम्हारी चिंता थी। तुम्हें पेट में आये पाँच महीने ही हुए

थे। सभी बाते याद आ रही थी मेरा तो दिमाग घूम रहा था। दादी ने बताया चारो तरफ लाशो की सड़न और लाशो की बदबू मार रही थी। तेरी माँ घड़ी–घड़ी उलटिया कर रही थी। उपर से चिल्लाये जा रही थी। मैने उसे लिटाया गीता का एक अध्याय सुनाया। उसके बाद उसे नींद आ गई। तब तो छोटी थी दादी से सब सुनने में मजा आता था बाते ज्यादा समझ में नही आती थी।

बचपन का कुछ–कुछ तीखी आवाज के स्रोत आज भी याद आते है। यह सब रहस्य की बाते है। पहले कोई डाक्टर नही होता था कई–कई कोस पैदल जाना पड़ता तब भी कोई डाक्टर मिल जाय बहुत बड़ी बात होती थी। दादी ने बताया उस रात दूर दूर तक अंधियारा फैला था। दिन–रात कहाँ सोये कब दिन निकला कब दिन से साँझ रात हुई। ऐसा लगता था इस लोक से परलोक आ गए। चौदस की रात दिन सोमवार बताती थी।

उस समय पढ़ने का पक्ष रखना यानी घर में खासा युद्ध छिड़ गया। लेकिन बाबा की वजह से थोड़ा लिख पढ़ पाई। पहले तो उन्होंने ने पढाई के विषय को कोई महत्वपूर्ण नही माना। उन्होंने भी मुझे समझाया घर का काम–काज सीखो। लडकियों को घर गृहस्थी सम्भालनी है।

मै उन बच्चो में से नही थी जो दबाव और फटकार से दब जाती। मै बचपन से एक आजाद पंछी की तरह थी। मै दुनिया में अपना फैलाव देखना चाहती थी। जो मर्जी हो करना चाहती थी देखना चाहती थी। तुरन्त घरवालो को जवाब भी देती थी।

दिन पर दिन उड़ते रहे मौसम करवटे बदलता रहा। जिन्दगी खुली नही न ही खिली बन्द किताब की तरह नजर आने लगी। बचपन जीवन का सुनहरी क्षण कभी उल्लास अनुभव नही हुआ। मन बूँद–बूँद खुशी को तड़फता था। यह भी पता नही था कौनसी खुशी है मै चुपचाप सी रहने लगी। पढ़ाई लिखाई की ललक भी जाती रही।

आखिर जिन्दगी गवांकर भी एक पहेली बनी हुई है। मेरे भीतर की पहेली को आज तक मै समझ नही पाई। आज इतनी बाते कह गई बहुत आगे बढ़ गई। जी चाह रहा है सारी बातो का खुलासा कर ही डालू।

वाह–वाह रे कृपा निधान मूल जगत में छोड़ा
भर स्वांग जगत के लोग आपस में करे खिंचातानी
जाने कितने अंधेरो से गुजरकर गुजारा है जीवन
इस तन में न जाने कितनी उदासिया समाई है
मै हूँ सब है फिर किसकी याद में दमकती हूँ
इस तन की स्वामीनी बन कर कैसे लिखू परिभाषा ।।

(

5

सुबह हुई फिर शुरू भागदौड़

मै सुबह–सुबह छत की मुड़ेर पर दौडती हुई हाफ्ते–हाफ्ते चढ़ बैठ गई। छत पर सुबह का खुशग्वार मौसम था। बच्ची को आज से मै पारग्या ही कहुँगी। रात भर पारग्या आराम से सोती रही एकाएक रोने की आवाज आई। मै अपना प्रयास जारी रखूंगी बोझिलता हार की और ले जायेगी। रोने की आवाज सुनकर मै जिस तरह उपर आई उसी तरह नीचे उतर गई। पारग्या को देखा सच में बहुत प्रतिभावान नजर आती थी।

दरवाजे की और कान लगे थे जाने कब पारग्या को लेने आ जाए। आज तो कान में भी अजीब सी आहटे सुनाई दे रही थी। ताजी सुबह भी मानो थकी–थकी नजर आ रही थी। मेरे भीतर का सारा तीखापन मंद पड़ गया था। देह में हल्की सिरहन सी उठती थी। मै तो इस समय सभी के साथ चुपचाप तालमेल बैठाने की कोशिश कर रही थी। इस समय अनंत अन्धकार रूपी समस्याओं से झूझने के लिए पूरी तरह तैयार थी। परिवारिक झगड़ो से परेशान थी मै हरिद्वार के आश्रम जाना चाहती थी। वहाँ कई महीने रहकर जीवन का कुछ समय बिताना चाहती थी। मेरी जीवन यात्रा सघर्ष पूर्ण चल रही थी।

मैने महादेवी वर्मा को थोड़ा सा पढ़ा। आज उनकी ह्दय की वेदना समझ आती है। उनका कहने का मत था। दुःख, विरह और, वेदना सभी भाव

पीछे छुट जाते है। जब आत्मा का दिया जल जाता है। मुझे बचपन से घट में एक प्रकाश का रस अवश्य नजर आता था। जिस रस के सहारे जी रही थी। उन्होंने यह बात स्पष्ट की आत्मा परमात्मा से बिछड़ी है।

प्रभु की अज्ञात सत्ता से सभी बिछड़े है। सभी अनजान है यह बात बहुत कम लोगो को समझ आएगी। अपनी वेदना में छिपा रहस्य कोई–कोई जान पाता है। मै भीतर प्रभु को देखती रहती और करुणा के आँसू बाहर बहते रहते। जिस प्रकार वर्षा की बूंद–बूंद में अदभुद दिव्य संगीत भरा है। उसी प्रकार की ध्वनी घंटो मै भी सुनती थी और सुगन्धित हो उठती थी। यह सम्पूर्ण रहस्य साध्वी माँ आज आपकी प्रक्रिया से जान पाई।

सुबह एक घड़ी का दिन चढ़ आया था। अच्छी तरह याद है काश मै उन दिनों को भूल पाती। मगर नहीं सब हकीकत है। अपने भविष्य की कहानी मैंने खुद लिखी अपने हाथो से जो मेरा दुर्भाग्य था या सौभाग्य था। साध्वी माँ यह पन्ने मै आपको देती हूँ मुझमें इतनी हिम्मत नहीं की दुबारा इन्हें पढ़ सकूँ। मेरी कहानी इन अल्फाजो में सिमटी हुई है। पिता की मृत्यु के बाद जैसे सब समाप्त हो गया था। वैसे अपार सम्पति छोड़ गए थे। उनके विचार मेरे मन में चलते रहे कहते थे नकल करनी है तो सूर्य की करो सबको बराबर रौशनी देता है कोई भेद–भाव नही। चन्द्रमा की करो सबको शीलता देता है।

सागर की करो आसमान की करो धरती की करो। सब बिना किसी मांग के देते है। उनके शब्द सदैव याद रहे मन में घूमते रहे। इन्ही से मुझे बल मिलता। इसलिए जो भी किसी ने मेरे साथ व्यवाहर किया मैंने उसे स्वीकार कर लिया। हाँ अपने भीतर को सदैव समुद्र की तरह भरा पाया।

आज आपने मुझे अपनी असली पहचान करवा कर भीतर की उँचाई से अवगत करवा दिया। सच में अपने अंदर की उँचाई तो सात समुद्र पार की है। इतनी गहराई भरी पड़ी है आपने अवगत करा दिया है। मै आपका कर्ज कभी उतार नही पाँऊगी गुरु का कर्ज कौन उतार पाया है। यह तो योनियों को मात दे ईश्वर की योनी में पहुचा दिया। सच में साध्वी माँ बहुत बड़ा काम किया आपने। मेरे भीतर एक जान भर दी।

यह मेरी जिन्दगी के लिखे कुछ पन्ने है। कभी फुर्सत में पढ़ना मेरी परिस्थिति कैसी रही।

मैने साध्वी माँ को यह कहते हुए एक लिफाफा हाथ में पकड़ा दिया।

है अनोखी बस्ती रब के आशिको की
सीधे सादे शब्द मेरे सहने की शक्ति
छोड़ मोह सुरा का पान तन का छोटा सा यान
खोल के देख अपने को सादगी की करामात
भरा आत्मा में भंडार है कर अमृत का पान

मै अज्ञानी आत्मा और परमात्मा के भेद को क्या जानू। प्रभु की कृपा हुई आत्मिक सुख की प्राप्ति हुई। संयोगवश मेरी नजर घड़ी पर गई। कितना समय ऐसे ही बातो में चला गया। मै पारग्या के नजदीक गई। करीब–करीब ऐसा लगा जैसे एक क्षण की समाधि लग गई हो। विचारों का वेग तो यादो के पार का था। एक भारी सी आवाज सुनकर बालकनी से झांककर नीचे देखा।

एक लम्बा चोड़ा व्यक्ति पूछते–पूछते हमारे फ्लेट की और चला आ रहा था। उसने सफेद कुर्ता पजामा पहना था। परन्तु वह तो कोई राही निकला। किसी घर का पता पूछ रहा था। वह बाहर से चला गया लेकिन सामने वाली माँ अंदर आ गई। उन्होंने बच्ची को दूध पिलाया नहलाया। वह बच्ची तो सो गई।

सबके बीच बच्ची है फिर भी अकेली पड़ी नजर आ रही थी जैसे पानी बीच मीन प्यासी। मेरे सामने मंद रौशनी में सभी के चेहरे झलक रहे थे। पर आँखे आज अपने ही चेहरे पहचान नही पा रही थी। अचानक बच्ची का ख्याल आया आज चली जायेगी। मन में विचार घूम रहे थे। मेरे मन में उदासी और खालीपन बार–बार खल रहा था। बेटियों का दर्द कौन जाने किस परदेशियो के आँगन में जा खिलती है। यह सोच कर मेरे पेट में मरोड़ उठा मै पेट पकड़ कर उठी। फिर चुपचाप कुर्सी पर बैठ गई।

मै आगे बढ़ी और पारग्या को सृष्टि का झड़ा मोती सी बूंद को हाथ में उठाया। मेरे आश्चर्य का ठिकाना न रहा जब मेरी कलाई पकड़ी मेरी दृष्टि उसी पर ठहर गई। थोड़ी देर में रोने की झंकार कानो में पड़ी। कुछ देर को लगा जैसे कोई साज बजा रहा हो।

मै पलभर को तो इधर–उधर देखने लगी। यह आवाज तो मेरे हाथो से निकल रही थी। ध्यान से देखा पारग्या के रोने के स्वर हिल–हिल कर उत्पन्न हो रहे थे। लगा कुछ कहना चाह रही हो। उसकी सुरीली आवाज मैंने सुनी

और चुप रह गई। ध्यान में ईश्वर की छाया सदैव महसूस की। मन की गहराई में झाँकती तो आँखों में आँसू भर आते। फिर सभी आकांक्षाएँ समाप्त ना कोई इच्छा ना कोई माँग। महसूस होता फूलों की बगिया में बैठी खुशबु मैरे चारों और फैली हुई थी। ईश्वर से मॉगना समाप्त हो गया प्रभु ने मेरी शरणागत स्वीकार कर ली। सत्य के मार्ग पर चलना मेरा सार्थक हो गया। साधरण सा मत्रं जपते हुए फल गया।

अब मुझसे रहा न गया उसको चुम लिया गले से लगा लिया। मेरे मुख से शब्द निकले कहो–कहो क्या कहना चाहती हो। नन्ही सी बूंद प्रसन्नता से हिली। बात करते–करते मै उसे बालकनी में ले आई। मै सोच में थी नन्ही सी गुडिया फिर हिली मानो मेरे पास ही रहना चाहती हो। उसे जाने में दुःख हो रहा हो। मै पकड़ी हुई उसकी ओर देख उसका ह्रदय टटोल रही थी।

मै उसको अपने हाथो में आँखे बन्द कर ध्यान से देख रही थी। उसकी कहानी खोजने की कोशिश कर रही थी। देखने में प्रचंड प्रकाश का तेज स्वरूप नजर आती थी। मै तो ये सोच रही थी इस पीड़ा को दुःख–कष्ट को मिटाने का रास्ता कैसे खोजा जा सकता है। बहुत अन्धेरा और भारी पीड़ा नजर आ रही थी। लेकिन मेरी सीमा और समर्थ नही थी। इसके जीवन के सागर में कैसे शान्ति के रंग फेके जा सके। यही विचार इकठ्ठे हो घूम रहे थे। कैसे इसके जीवन की लहर रंगीन हो जाए।

मेरा फ्लेट सड़क के किनारे था सबसे सुंदर बैठक का दृश्य था। फस्ट फ्लोर ही था। मेन दरवाजा सडक के बरामदे में खुलता था। घर से निकलते ही माँ का घर नजर आता था। मेरा कमरा अलग था पति से बनती नही थी एक बच्ची थी जो होस्टल में पढ़ती थी। पति बिजनेस के सिलसिले में अक्सर बाहर रहते थे। मेरा रुझान सत्संग कीर्तन में था।

मै पूजा पाठ कीर्तन में व्यस्त रहती थी। घर में ज्यादा कोई आता नही था। इसलिए घर में दोनों बेडरूम साफ पड़े रहते थे। पति कभी कभार आते तो ज्यादा झगड़ा ही रहता था। मेरी माँ और पति एक साथ मिल कर मुझ पर बहुत जुल्म करते थे। इसलिए मैं अपने में गुम रहती थी।

साध्वी जी से मिलने का मौका मिला मझे जीवन की दिशा मिली।

मेरे घर की अलमारी में शास्त्र पुराण वा अन्य किताबे भरी पड़ी थी। बैठक में एक रेडियो सेट टेप रिकोडर था। मै एकांत सुनती रहती थी हाँ

सत्संग की महिलाये अक्सर आती थी उनकी बहुत सेवा करती। मेरा घर बहुत सुंदर था कालीन वगेरा बिछे थे। एक मेज थी फोन भी लगा था। सब कुछ होने के बाद मन बहुत बैचेन जान पड़ता था। भाई–बहनों से ज्यादा बात नही होती थी। या कहूँ बिलकुल बात नही होती थी। मेरा बचपन से पढाई में मन नही लगा बस इंटर ही कर पाई। बाकी पाँचो भाई बहन खूब पढ़े बड़े–बड़े ओहदों पर थे। इसलिए वो लोग मुझसे बात नहीं करते थे।

आज जब यह बच्ची मेरी गोद में है परिवार के सभी लोग एकत्र है। मेरे साथ पहले ही बहुत झगड़ा चल रहा था। मेरे पति मुझे खर्चा बिलकुल नही देते थे। खाने पीने का सामान डलवा देते थे बहुत झगड़ा करने पर कुछ पैसे देते थे। जब भी आते यही कहानी होती कई बार बहुत पिटाई भी कर देते थे। मैने कई बार सुसाइड करने की सोची लेकिन असफल रही।

जिन्दगी में कोई सच्चा दोस्त नही मिला सब खाने पीने वाले। मैंने देखा चाहे सत्संग हो या वैसे लोग दुसरे की भावनाओं को नहीं समझते अपना स्वार्थ सिद्ध करते है।

6

"तभी फोन की घंटी बजती है।"

"फोन मैने ही उठाया कौन?" कौन साहब बोल रहे है।

तभी एक व्यक्ति बोला हम पुलिस वाले है। यह सुन कर मेरा चेहरा एक बार तो सफेद सा पड़ गया। मैडम आप परेशान तो नहीं है अभी बच्ची को एक दो दिन आपको रखना होगा। मैंने भी कहा जी नही जी नही। फिर मै पारग्या की कमर सहलाती हुई सामने माँ को इशारा किया उन्हें बुलाया।

माँ चारपाई से उठते हुए एकदम बोल पड़ी आई बिटिया। आप माँ पारग्या के पास बैठिये में घंटे भर में आती हूँ। शाम के चार बजे थे माँ से मैने कहा एक घंटे में मिलती हूँ। चीनी में एक कहावत आती है हजारो मील की यात्रा भी एक पग से शुरू होती है। चालीस वर्ष बाद जीवन की कौनसी घटनाएँ खुद को दोहरा रही है। मै जल्दी घर से बाजार के लिए निकली लाजपत नगर मार्किट में पहुच कर मेरी चेतना लौटी। पल–भर को सब भूल गई थी।

मै तो अक्सर बाजार आती–जाती रहती थी। आज क्यों अपने को अलसाई सी थकी सी महसूस कर रही हूँ। पूरा दिन अकेली कुछ किया भी नही। सोच ही रही थी मेरी अलसाई अबूझ आँखे कैसी दिख रही होगी। कोई और विचार आता। किसी से जोर से टकरा गई जोर का धक्का लगा। एक महिला ने मुझे जोर का झटका देते हुए धमकाया। सुनो ध्यान से चलो।

मैं बोली ओह माफ करना वाकई जोर से लगा। दिल्ली के वो संघर्ष भरे दिनों की याद आज भी आती है। अफसोस कई दूकान घुमने के बाद एक

दूकान पर छोटे कपड़े दिखाई दिए। कई कपड़े पलटने के बाद कुछ कपड़े उठाती हूँ। कपड़ो को छूकर क्वालिटी को आंकते हुए पैसों की बात करती हूँ। आज कपड़े खरीद कर लगा मेरे घर ही एक बेटी का जन्म हुआ। मै फटाफट दूकान की सीढियाँ उतरते हुए घर पहुचने के लिए सामने जा रिक्शा में बैठ गई शाम तो शुरू हो गई थी। एक घंटे का कहकर आई यहाँ तो पूछिये मत सब कुछ दिखना सा बन्द हो गया था। बाजार की भीड़ में कुछ भ्रमित सी हो रही थी। पर बच्ची के लिए कुछ अहम् भूमिका निभाते हुए कुछ बजाने वाले खिलोने और रंग–बिरंगे कपड़े खरीदे।

अभी हल्का उजियारा था अन्धेरा छा रहा था। मै उन अवसरों को कभी नही भूलती जब मुश्किलों में भी प्रकाश को तलाश किया करती थी। मै रास्ते में पेड़ पौधे देखते हुए गुजरती रही। अकेले रहने के कारण बाहरी शोर–गुल की अभ्यस्त नही हो पाई। एक यही वजह थी दुनिया का सामना करने में थोड़ी घबराहट सी महसूस होती थी।

मेरी भावनाए गुम सी हो गई थी। फिर भी पारग्या के मिलने की अंदर से अदभुद खुशी हो रही थी। साथ की पुरानी हवेली निकलते ही माँ का घर नजदीक ही था। सामने मेरा फ्लेट था। निश्चित समय पर तो नही पहुँच पाई घर पहुच गई।

कुछ मिनटों में सीढियाँ उपर चढ़ी शायद माँ ने मेरी आवाज सुनी होगी दरवाजा खोल दिया। मैंने एक बेंच पर सारा सामान रखा और खड़ी हो गई। आज अपने भीतर एक अदभुद पीड़ा सी महसूस कर रही थी। माँ बोली मै चलती हूँ मैंने कहा रुको खाना खाकर जाना।

मैंने बहाने से रोक लिया फिर रसोईघर जाने वाली थी माँ बोली बहुत शांत बच्ची है। बीच–बीच में मुस्कराती है जाने क्या कहना चाहती है। किसकी छाया है कहा पहुँच गई। मैंने टोकते हुए कहा चलो खाना खाते है।

मेरे पास पड़ोस से एक बच्ची मेरे यहाँ अक्सर आया करती थी, उसका नाम टीना था। उसने खाना बनाया हुआ था। फटाफट खाना लगाया हम सभी ने मिलकर खाना खाया। मेरे पति मुझसे बिना बोले मेरे पीछे से जा चुके थे। घर में पीछे से खाना खाया और अपने बिजनेस के सिलसिले में वे तो एक महीने के लिये बाहर चले गए। माँ ने खाना खाया उसके बाद मै हाथ पकड़ कर उनके घर तक छोड़ आई।

टीना मेरे पास रुक गई। अक्सर रुक जाया करती थी। पढने में अच्छी

थी घर में जगह कम होने के कारण अक्सर आ जाया करती। मेरे पति के गाँव की लडकी उनकी बहन की बेटी थी। कई भाई बहन थे तो घर में मन नही लगता था। मेरे पास पढ़ने के लिए आती रुक जाया करती थी। वैसे तो खूब बाते करती थी मामी–मामी कहती थकती नही थी। आज तो उसकी भी बोलती बन्द है।

मेरी माँ से ज्यादा बनती नही थी वे सभी लोग मिलने आये चले गए थे। कोई घनिष्ट दोस्त भी नही था जिससे बात करूँ वैसे कहने को तो सभी दोस्त थे क्योकि जरूरत पर मै उनकी मदद करती रहती थी। भाई–बहन है लेकिन वो उँची पोस्टो के कारण मुझसे ज्यादा बात नही करते थे। मै एक दम साधारण रहती थी। फर्ज के तौर पर ही किसी परिवारिक उत्सव के लिए निमन्त्रण देते थे।

मैं आज अपने घर में बैठी यह सब बाते सोच रही हूँ कौनसी खुशी देखने के लिये जिंदा हूँ। क्या मेरी जिन्दगी में कोई दिन आयेगा मेरा तम–मन का रोम–रोम प्रसन्नता से खिल उठेगा। उम्र तो बहती रही जिन्दगी के हिसाब–किताब का सही समीकरण समझ नहीं पाई। रिश्तों की जमा पूंजी से मुझे कुछ हासिल नही हुआ। ऐसा लगा सारे नाते सात फेरों के साथ ही साथ छोड़ गए। चलो इस बात की तसल्ली है। घर से विदाई के समय सारी यादे वहीं रह गई। क्योकि रिश्तो के बनाये आँगन में मुझे दुबारा खड़े होने का मौका नही मिला। इसलिए आज रिश्तो से अकेली खड़ी हूँ।

गुजरते वक्त के उम्मीद की डोर और कमजोर हो गई। इस वक्त कुछ शब्द कुछ लिखी लाइने मेरा हौसला बंधाती है। रात के बारह बजने को थे मैंने खिड़की से बाहर की और देखा। आज तो लगा आँखे भी सुन रही हो। कैसा सूना–सूना वक्त है। कमरे में भीतर झाँक कर देखा तो दोनों बच्ची सोती शांत दिखाई दी। परन्तु मुझे मेरा आक्सीजन लेवल लो नजर आया। हम उम्र के साथ जाने कितने रिश्तो के बीज बोये जाते है। कुछ जन्म से मिले रिश्ते कुछ रिश्ते हम बड़े प्यार और अपनेपन के धागों से एक–एक रिश्ता गुथते है।

प्रेम और अपनेपन में गुंथा एक–एक अनमोल रिश्ता जाने कहाँ–कहाँ गुथा अपना वतन छोड़ा गाँव छोड़ा। अपने ही बलबूते पर अपना आशियाना सजाया हो। चलो लोग मिलते रहे बिछड़ते रहे मेरी तन्हाई भी टूटी। दो दिन हुए सोये चलो सोने की कोशिश करती हूँ। स्त्री जन्म भी कैसा? दुखो में नहाया जैसा।

मुझे तो अपना जीवन सामान्य सा तो दिखता ही नही था। कैसा अंतरात्मा में दर्द सा रिश्ता नजर आता था। शरीर में दर्द सा घुलता कुछ और नजर ही नही आता था। कैसा उलटे सीधे दर्दो का प्रकोप हर रिश्ते से नजर आता है। रिश्तो में कैसा दर्द इसे बैक्टीरिया वायरल इन्फेक्शन जिससे सारा शरीर प्रभावित होता है।

प्रेम में भीगी स्त्री हर वक्त परिवार के सदस्य के इर्द–गिर्द चहकती है
कभी गुर्राती है कभी मादक बन नशीली धुन में गाती है
सभी की एक मुस्कराहट पर जी लेती है ओस की धुन पे नहाई सी
भीतर बसंत का आनन्द कब उतर आये ऐसी गंध में महकती है

कब सोई? कब आँख लग गई अपनी ही देह से अनजान सी लग रही थी। रात भर करवटे लेती सोने का बहाना खोजती नजर आई। एकाध बार गहरे से आँख लगी हो। खुद ही नींद को अपनी और खींचने के मौके तलाश करती रही। नींद ने न आकर देह बैचेंन कर दी। दर्द में सरसराती हवा सी निकल रही थी।

आज अपने पापा की याद आ रही थी बेहद तकलीफ महसूस कर रही हूँ। वे जिंदा नही थे। उनसे कुछ बताती तो कुछ सलाह देते। मुझे ये पता था वे सुनकर कुछ अपशब्द नही बोलते। मुझे अपने जीवन में जितना प्रेम और सम्मान अपने पिता से मिला अन्य किसी व्यक्ति से नही मिला। काश आज जीवित होते। आज मुझे बहुत गहरा दुःख हो रहा है। रात भर भागती ट्रेन की तरह विचार दौड़ते रहे। एक लम्हा चैन न पाया।

रात के अँधेरे में श्वास के साथ विचार सुगमता से चलते रहे। घबराहट थोड़ी लुप्त होती दिखाई दी। असल में दुःख की जंजीरों में हम अपने को बाँध लेते है। हम अपने खून के भीतर दुःख को सींचते रहते है। आँसुओ को निकाल कर अपने को हल्का महसूस किया थोड़ा गला सुख रहा था। अपने को समझने के लिए एक जिन्दगी चाहिए। रात थोड़ी बैचेन जरुर रही पर अब बैचेनी खत्म होने का वक्त आ गया है। खिड़की की और झाँका तो देखा तारे ढल रहे थे। रात भर जिन्होंने रौशनी की अब वे भी अपनी वापसी की आखिरी घडियाँ गिन रहे नजर आये। हम सभी ने भी उम्र भर अँधेरे में श्वास ली है उजाले की किरण नही देखी ताकि हम मौत को उजाला दे सके।

आज तो ऐसा लगा रात बुझने से पहले सूर्य की लो भड़क उठेगी।

एकाएक मेरी नजर पारग्या के कमरे पर जाती है। जैसे पहली बार कमरे का दृश्य देख रही हो। दीवार पर टंगे चित्रों पर नजर गई। इधर उधर कुछ समान बिखरा पड़ा था। बेड पर पारग्या के साथ पड़ोस से आई बेटी टीना सोई थी।

मैने जैसे ही पर्दा उठाया बच्ची जोर से रोने की आवाज करती है। उसी के साथ ही पड़ोस से माँ शीघ्रता से आती दिखाई देती है। माँ ने साधारण धोती पहनी हुई शरीर गठा हुआ रंग गोरा नयनो में दृढ़ता भरी है आते ही बच्ची को पुचकारती है। उसे थपकती–थपकती वहीं बैठकर लौरी गाने लगती है। साथ ही चम्मच से गर्म दूध पिलाने लगती। चुप कराती जाती है साथ में गाना गाने लगती है। दरवाजा खटखटाने की आवाज सुनकर वह रूकती है। खटखटाहट बढ़ती है साथ ही आवाज भी बढ़ती है।

मै किवाड़ खोलती हूँ बाहर देखती हूँ। किवाड़ खुलने का स्वर उठता है। एक व्यक्ति सामने होता है तेजी से एक महिला पीछे से सामने जल्दी से प्रवेश करती है। अभी देखने में 35 के आसपास की रंग सांवला नैन–नक्श तीखे चतुरता का परिचय देते हुए मिटटी कपड़ो से झाड़ती हुई कहती है।

हम बच्ची को देखने आये है।
बच्ची पर नजर पड़ते ही बोलती है।
फीकी–फीकी हँसी हस्ते हुए कहती है अभी सोई है।
माँ ने कहा बड़ी मुश्किल से सुलाया है।
मुझे माँ के चहरे से लगा माँ को वह स्त्री पसंद नही आई।
मै मन में बैठी–बैठी सोच रही थी।
वह स्त्री बोली शुभ दिन है बिटिया को देख कर बहुत खुशी हो रही है।
मैं आराम से कुर्सी पर बैठ गई। मुझे लगा कुछ गडबड जरुर है।
मैं इस निर्णय को कुछ देर रोक दू और अप्रत्यक्ष तरीके से बात करू।

मै अभी पुलिस वालो से बात करुँगी उनकी सलाह के बाद आये। यह मेरे उपर कर्ज है। मैंने बच्ची को बार–बार देखने पर प्रतिबंद लगा दिया।

मै उन्हें दूसरे कमरे में ले गई। चाय मंगवाई मुझे अहसास हो गया था। अब यह आत्मा इस घर से उस घर जाने वाली है। मैंने दुसरे कमरे नजर

डाली देखा माँ अपना सारा प्यार उस बच्ची पर उडेल देना चाहती थी। वहाँ जमीन पर एक गद्दा बिछा था। माँ पारग्या को नहला कर दिवार से टेक लगाये उसी गद्दे पर गोदी में लेकर आलथी–पालथी मारकर बैठ गई। दरवाजे का पल्ला हाथ से सरकाते हुए बन्द किया। सुबह पूरी तरह खिल चुकी थी सूर्य की किरणे कमरे में आ गई थी।

वह स्त्री बार–बार पति की और देख रही थी। शायद पति की सहमती चाहती थी उन्हें अपने आँगन में किलकारियों की गूंज सुननी थी। मैंने उसके पति का चेहरा देखा वह पुत्री नहीं चाहता था। उसके चहरे की मुस्कान बता रही थी कितनी दिखावटी थी। शादी को दस साल हो गये थे। कोई सन्तान नही हुई। दोनों पति–पत्नी आपस में बात करते हुए उठे और चलने लगे। हमसे जाते जाते हाथ हिला गए।

सोचना कभी मकान बनाना आसान है। ईट, सीमेंट, पत्थरों का हिसाब रखा जा सकता है। लेकिन एक बच्ची की पालना करना उतना ही कठिन है। यह पढ़कर आप सभी को कुछ अटपटा सा अवश्य लगेगा।

मै भी दरवाजा बन्द करके लम्बी साँस लेती हूई अंदर आती हूँ और माँ से कहती हूँ इन लोगो को कुछ समझ नही। माँ भी थोड़ी मुस्कराई। मै अलमारी के पास जाती हूँ थोड़े खिलोने निकाल माँ के सामने रखती हूँ। मै सकून के गहरे अहसास के साथ दोनों हाथो से पारग्या को थमाती हूँ। पैरो को चूमती हूँ। फिर कोहनियों को मोड़ लाड़ लड़ाती हूँ। पीठ पर हाथ से हल्की ठोकर मारती हूँ। पीठ की आवाज से हल्की हलचल सी होती है। माँ थोड़े संकोच से मुझे देखती है। उसके बाद माँ गद्दे पर पीठ टिकाये सोच में कही खो सी जाती है। अचानक मेरा गला सूखने लगता है। मै पानी पीती हूँ और बढिया चाय बनाकर लाती हूँ। माँ और मै हम दोनो चाय पीते है नाश्ता करते है। टीना तो मेरे यहाँ से तैयार हो कालेज चली गई। अब दोपहर को आएगी।

दोपहर होने में अभी काफी देर थी। गैलरी से स्त्रियों के बाते करने की आवाजे आ रही थी। मेरे बेडरूम के सामने बनी गैलरी में एक तख्त बिछा था। दो कुर्सिया साइड में खड़ी थी। वहा घड़ी भर को बैठ जाओ दुनिया की खबर हो जाती थी। दिन भर इस गैलरी के सामने कोलाहल सा मचा रहता। स्त्रियाँ वहा आकर रोज गप–शप करती। गप–शप की ध्वनी बालकनी

में अक्सर गूंजती। साथ–साथ धूप का आनन्द लेती। कभी लड़ती झगड़ती नजर आती।

मै अपने उपर पूर्ण प्रभुत्व जमाए रहती। किसी की बातो का मुझ पर कोई प्रभाव नही पड़ता। वट वृक्ष की भाँती अटल खड़ी हूँ। मुझे बहुत बाते सुनाई दे रही थी। मैंने सुनी ही नही समझती कैसे? कुछ देर बाद मै अपना कमरा सम्भालने लगती हूँ इधर उधर बिखरा सामान रखने लगती हूँ। माँ वहीं गद्दे पर आराम करने लगती है।

लगता था किसी ने विज्ञापन दिया हो पूरे शहर में खलबली सी मच गई हो। मैंने उपर से देखा एक संत कुछ प्रवचन दे रहे थे। आज की रात मै थोड़ी भयभीत सी थी कुछ अजीब से फकीर श्मशान घाट में दिख रहे थे जब भी थोड़ी सी आँख लगी। कभी–कभी लगता मै अपने भीतर क्या खोज रही हूँ। दुःख की गाँठ बाँध रही हूँ और दुखी होती रहती हूँ। साध्वी माँ के मिलने के बाद दुःख का विसर्जन सा हो गया था। लेकिन अपने भीतर वर्षो के दबे दुःख शेष रह जाते है वहि कभी–कभी उभर आते है।

मेरा तो अपना अनुभव है प्रेम भी दुःख लाता है। सेवा भी दुःख लाता है। धर्म भी एक किस्म से दुःख है। मन्दिर और मस्जिद भी दुःख लाते है। क्योकि इन सभी को करने में––मै आ जाता है। जहाँ मैं आ गया वहाँ दुःख आना अनिवार्य है। मैं की छाया में दुःख बसता है। हम सभी दुःख से मुक्त होना चाहते है। चाहते हुए दुःख से मुक्त नही हो सकते। न चाहते हुए मैं भरते चले जाते है। आज साध्वी माँ की बात समझ में आ रही आ थी।

मैं माँ को गर्म दूध पारग्या के लिए दे कुछ पैसे लेकर फकीर को सुनने नीचे चली गई। धीरे से दरवाजा बाहर से बन्द किया। माँ को कह कर गई नीचे एक फकीर आया है।

7

फकीर की कथा

वह भगवा पहने संत थे जीवन और मृत्यु पर कुछ उपदेश दे रहे थे। मै दक्षिणा देते हुए बोली बाबा ठहरो मै भोजन लेकर आती हूँ। संत बोले नही मै यहाँ ठहरने वाला नही यहाँ क्या कहीं ठहरने वाला नही। मुझे तो अपने में विलीन होना है। डूबना है। जीवन में जो मृत्यु को जान लेता है वो बड़ भागी है। जो सत्य नही जान लेता तो अंत में मृत्यु सबको जान लेती है। उनके प्रवचन सुन कर मै चलने लगी मुझे बोले बेटा बहुत दुविधा में दिखती हो क्यों चिंता करती हो। जन्म और मृत्यु किसी के हाथ नही है। जो जानना है वो जीते जी ही जाना जा सकता।

आनन्द की खोज में रहो जो मिला है उसका फर्ज पूरा करो। दो ही विस्तार है समय और स्थान इसी तरह आकाश का काल का इन विस्तारो को इनकी गहराई को देखोगे तो मै तो कही बचता ही नही। अब मुझे उतरना आगे था कृष्णा मार्किट आश्रम जाना था। उतार दिया यहाँ चलो यहाँ का दाना पानी लिखा था। आगे की यात्रा पैदल हो जायेगी।

आप सभी को एक कहानी कहता हूँ च्वांगत्सू फकीर की। बड़ा अदभुद फकीर था सभी ने सूना होगा। साँझ का समय था बस ये समझ लो अन्धेरा अपनी गठरी खोलने वाला था। चलते–चलते एक खोपड़ी से उसका पैर जोर से टकरा गया। मरघट के भीतर से निकला था वहाँ खोपड़ी ही मिलेगी।

उन्होंने फट खोपड़ी को उठाया सिर से लगाया। अपने झोले में रख लिया और झोपड़े में ले आये एक उँचे स्थान पर रख दिया। गाँव वालो और शिष्यों ने पूछा बाबा आपने ये खोपड़ी यहाँ क्यों रख ली। क्या करोगे? क्यों उठा लाये? लोगो ने ढेरो सवाल कर दिए।

अब च्वांगत्सू फकीर बोला गलती हो गई में मरघट के बीच से निकला। यह कोई छोटे–मोटे लोगो का मरघट नहीं। यह तो बड़े–बड़े लोगो का मरघट था। ठोकर लगते ही मैं चौका जब बड़े–बड़े लोगो की खोपड़ी का ये हाल हो सकता है। मेरी खोपड़ी की तो इससे भी बुरी गति होने वाली है। मै साधारण फकीर मेरी तो गति उससे भी खराब होगी। इसी तरह कही मरघट में युँ ही पड़ी रहने वाली है। लोगो की ठोकरों में आने वाली है । आज जिस तन के लिए सम्मान की अपेक्षा करता हूँ। कल उसका इससे भी बुरा हाल होने वाला है। यह तो बड़े–बड़े सम्राटो का मरघट था हम फकीरों के मरघट का हाल और खराब है।

इसलिए बेटी मन की गाँठ है इसमें दुःख बांधोगी दुःख खुलेगा सुख बांधोगी सुख खुलेगा। मेरी बातो को बहुत प्रेम से सूना इसके लिए बहुत–बहुत अनुगृहित हूँ। और परमात्मा आप सभी का अन्धेरा दूर करे मै चलता हूँ। कह कर फकीर चल दिया मै भी उपर चढ़ गई माँ बोली कहाँ रह गई। आज सारा दिन माँ मेरे घर ही रही बहुत अच्छा लगा माँ के अपनेपन को देखकर। उन्होंने ऐसे मुश्किल वक्त मेरा साथ दिया।

शाम के पाँच बज रहे थे रसोईघर में घुसने ही वाली थी। टीना रसोईघर से निकली पानी हाथ में लिए मैने पानी पीया और बोला जो चाहे खाना बना लो माँ भी यही खा लेगी। महात्मा के शब्दों का मुझ पर असर पड़ा। यथार्त ही कहा। प्राचीन काल में महात्मा योग के बल पर त्रिकाल दृष्टि प्राप्त करते थे। लेकिन प्रत्यक्ष कोई प्रमाण नही होता।

थोड़ी देर बाद दरवाजा बजा मैने दरवाजा खोला लो कर लो बात किन्नर भी बच्ची को देखने पहुँच गए। मै तो दरवाजे पर खड़ी रह गई वे तो भीतर जा बच्ची को हाथ में ले दुवाये देने लगे। मेरे पास आये मुझे भी आशीर्वाद देने लगे। वैसे तो कहा गया है इनका आशीर्वाद बहुत फलता है। उनमे से एक का नाम मनोरमा था वह तो बच्ची को देखकर मोहित हो गई। दूसरी का नाम साहिबा उसने उसको टोका चलो। बच्ची देते हुए बोली जिस घर जायेगी वह घर भर जाएगा। मैंने रोका और अंदर चली गई अपने पर्स

से कुछ रूपये निकाले उन्हें दिए उन्होंने खुशी से पैसे लिए आशीर्वाद देते हुए चली गई।

माँ एक आराम दाई कुर्सी पर बैठ कर सोचने लगी। बोली यह बच्ची मेरे चित्त को न जाने क्यों खीच रही है। चित्त कभी इतना चंचल न हुआ। माँ ने घड़ी की और आतुर नेत्रों से देखा। किन्नरो के जाते ही हृदय पर कुछ आघात सा हुआ। मुख प्रभात चन्द्र की भाँति मंद पड़ा दिख रहा था। उस समय सात बज रहे थे। अब बैठी नही रहना चाहती थी सम्भलकर उठने लगी। जेब से एक शीशी निकाली और दो बूंद एक प्याली में डाली और आँखे बन्द कर पी गई। दवा पीते ही कुछ चमत्कारित असर दिखा मुझे लगा जैसे कुम्लाया चेहरा ताजा हो जाय या सूखे पत्ते हरे होने शुरू हो जाए। उनके मुख मंडल पर आभा दौड़ गई हो।

मै कुछ समझ नही पाई उनके शरीर में नये रक्त का प्रवाह सा दिखा हो। उन्होंने जैसे ही आईने की और देखा उनके चहरे पर मृदुल हास्य की झलक दिखलाई दी। बैठने लगी बोली समय बहुत थोड़ा है। प्रभु को बहुत जल्दी है। माँ की यह बात सुनकर मै थोड़ा घबराई। खैर उस समय तो खाने का समय हो रहा था। टीना ने खाना लगा दिया था। खाना हम सभी ने खाया परन्तु माँ ने बहुत प्रेम से खाना खाया।

उसके बाद मैं माँ को रोकना चाहती थी माँ को देखकर लगा माँ जाने के लिए बरामदे में पहुँच चुकी थी। अपनी मधुर आवाज से मुझे पुकारा। उन्होंने दरवाजे के पास पड़ी मेज का सहारा लिये खड़ी थी। मैं बिना कहे उनके पास पहुँच गई उनको पकड़ा घर पहुचाने के लिए।

माँ बोली बेटा सारा जीवन व्यतीत हो गया। मगर इंसानी मन है कभी–कभी इतना निर्बल हो जाता है। अनचाही घटना के घटित होते ही मानसिक संतुलन बिगड़ जाता है। मन फालतू में दुखी व परेशान हो जाता है।

अजमेर की बात है बहन का बच्चा बीमार था कोई डाक्टर कोई वेद, हकीम नही छोड़ा। लगातार अस्पताल कई नर्सिंग होम लेकर घूमते रहे। जहाँ किसी ने बताया वहीं पहुच गये। बड़े–बड़े संत महापुरुषों के लगातार आशीर्वाद लेते रहे। बीमारी थी की ठीक होने का नाम नहीं ले। बच्चे की बीमारी आखरी पड़ाव पहुँच गई। बच्चा तो अपनी जीवन यात्रा पूरी कर

गया। आज इस बच्ची को देख कर मेरे मन में भी अनेक घटनाए घूम रही है।

माँ आप सही कह रही है। माँ बड़ी दर्द भरी आवाज में बोलती चली गई उनका घर भी आ चुका था। माँ को छोड़कर मैं मुड़ी बिना निचे देखे पैर बढाया जाने कैसे एक हल्की सीढ़ी न उतरने की वजह से गिर गई। गमले से जोर से टकरा गई साथ में संगमरमर का चबूतरा सा था। जा कर कुछ देर उस पर बैठ गई। क्या बताऊँ बुरी लगती बच गई। उसके बाद हल्की मुस्कराहट के साथ अपना चेहरा उपर उठाया और बगैर कुछ सोचे चल दी। जल्दी ही सीढ़िया चढ़ गई। मन के वातावरण में मन भावन महक हिलोरे ले रहे थे। देखा टीना बच्ची से खेल रही थी। मेने उन्हें एक मोटा कम्बल दिया। शरद ऋतू शुरू हो चुकी थी। दिन में कई लोग मिलने आये आस पड़ोस के लोग भी सभी चले गए। पारग्या को तो दूध पिलाया सोती रही। दिन भर माँ ने ख्याल रखा। अब टीना उसके पास पढने लगी।

मै दुसरे कमरे में आ गई अपने कमरे में अकेली थी रात हो चुकी थी। पहले इधर–उधर विचरती रही फिर खिड़की पर खड़ी हो गई। सामने का दृश्य अत्यंत मनोरम था। पेड़ पौधो को देख स्वर्ग का द्वार सा खुला हो। उसका वर्णन करना तो नामुमकिन है सूर्य को दिया दिखाने जैसा है मैंने भरपूर आनन्द लिया। इस समय न वाणी में इतनी ताकत है न मेरे हाथो में की शब्दों में लिख सकू। बस शब्दों में इतना कहुँगी आलौकिक था सर्व–सर्वोतम था। विशाल पेड़–पौधो हवा में हिलती टहनियों की गूंज में मंत्रमुग्ध हो रही थी। आवाक सी ताकती रही कुछ कह नही सकती थी। मौन आश्चर्य की दशा में खड़ी ताकती रही। फिर मैंने एक बुजुर्ग को घर से निकलते देखा बहुत खास रहा था। दवाई की दूकान की और जाता दिखा।

अन्धेरा बढ़ रहा था मै भी सोने चल दी। मै भी पारग्या के बगल में लेट गई दूसरी तरफ साथ में टीना सो गई थी। मेरा सौभाग्य था मेरी नजर पारग्या पर पड़ी। वह घटना मेरी आँखों के सामने घूम रही थी। मन में बार–बार प्रश्न उठ रहे थे जल में उछलने वाली मछलियों की भाँती मन में ही विलीन हो रहे थे। जाने कब आँख लगी घंटो शान्ति पूर्वक सोती रही टीना ने उठाया चाय बन गई। प्रश्नों का वास्तविक स्वरूप यह है की सहसा घड़ी देखी सात बज चुके थे। मैं बिस्तर से उठ खड़ी हुई। टीना के कोमल नेत्रों

को देखकर बोली। अच्छी बात है चलिए चाय पीते है। पारग्या को भी उठाया खिलाया पिलाया। बड़ी मुश्किल से आँख खोलती बहुत हिलाने पर वैसे दो दिन की बच्ची क्या खोलती बस कभी–कभी उंगलिया खोलती बन्द कर लेती।

पारग्या को सहलाते हुए उसके भीतर सत्य को भरते हुए।

चलना है सत्य के पथ पर किसी शपथ की जरूरत नहीं
चलना है मजबूत इरादे के साथ पथ पर किसी रथ की जरूरत नहीं
कोई प्रेम दे या न दे किसी के दिल में जगह न खोजना
पेड़ भी सूखे पत्ते गिरा अपनी शक्ल बदलते रहते है नये पत्ते आते है
जिन्दगी की किताब के पन्ने भले ही पलट जाए दर्द से भर जाए
नई खोज कर आगे बढ़ जाए नादान दिल की गिरफ्त में न आना
आँखों में पानी पैरो में छाले दीखते है दिल के घाव न दिखाना कभी
कैसे सर्द हाथो से छू लू तुझे मेरी शरारत न कभी याद आएगी
पेड़ की घनी छाया फुल और कांटो के बिच फिजाओं से निकाल लाइ तुझे
हवा में उड़ी फिज़ाओं में खुशबु सी घुली बता कैसे न दर्द समझू में तेरा

नीचे झाँकती हूँ क्या देखती हूँ?

और क्या बताऊँ बस ये समझो जिन्दगी दो अल्फाजो में सिमटी है। बड़ी असमंजस में पड़ी उस वक्त की दिल की हालत क्या लिखू कुछ ऐसा हुआ की कुछ समझ नही आया। मैने सिर निचे कर हाथो की भाँती हृदय को कठोर किया।

दो मोटरकार नीची आकर रुकी उनमे से एक में पुलिस वाले कुछ महिलायें थी। दुसरे में एक दम्पति बस देखती रह गई। एक ही क्षण में घर में प्रवेश कर गए। पारग्या के पास आ गये। पारग्या टीना की गोद में विश्राम कर रही थी। वह उसे उठाकर बालकनी में पड़े झूले पर जा बैठी। धीरे–धीरे झुला झूलने लगी। अचल हवा में टीना के केश उड़ने लगे केश बिखर गये। उसका सारा ध्यान बच्ची पर था। उसने गोद में पारग्या को अच्छे से लपेट लिया। मेरे हाथ तो इस समय कठोर हो गये थे स्पर्श करने योग्य न समझा।

सच में मैने एक बात जानी प्रेम कारावास में भी कैसा प्रायशचित है।

हमें तो जीवन पर्यन्त रहना है। यह एक हादसा समझ भूल जाना है।

प्यास के बिना आपने किसी को सागर की और जाते देखा है। जीवन में यह पहला अवसर था। कानो में उनके बात करने के शब्द पड़ रहे थे। लिखा पड़ी चल रही थी मैने इशारे से टीना को बुलाया पारग्या को हाथ में लिया बोला सबको चाय नाश्ता खिलाओ।

सारी लिखा पढ़ी पूरी हुई मुझे उन्होंने साक्षी बनाया। प्रेम की भूखी बच्ची को ईश्वर का साक्षी कह कर देती हूँ। प्रेम की भूखी इसलिए कहा मेरा भाग्य इस विषय में काफी कमजोर रहा। मै उदासीन भाव से कुर्सी पर बैठ गई। मेरे बैठते ही वे सब उठने लगे उनकी सारी कारवाई समाप्त हो चुकी थी।

मै एक विकल दशा में उठी और कमरे में टहलने लगी। खिड़की से बाहर झाँका नीचे भीड़ लगी थी। आकुल ह्रदय को जल–तरंगो से प्रेम होता है। मैंने सोचा अगर मेरे घरवाले सहमत होते या मुझे निर्णय लेने का अधिकार होता। मै इस बच्ची को अपने पास रखती। उस समय चित में एक घाव सा लग गया था। करुणा सजग हो गई नेत्र आश्रू से भर उठे।

वे सभी लोग उठे आपस में एक दुसरे को बधाई देने लगे। वह स्त्री मेरी और आई मेरे हाथ से जैसे ही बच्ची को लिया। मेरे चारो और अन्धेरा सा छा गया। मैंने अपने चंचल चित को रोका। मै पारग्या के लिए बुरी तरह तड़प उठी। उस समय कितना दुःख कितना आश्चर्य कह नही सकती। सभी ने मुझे आश्चर्य दृष्टि से देखा। मैंने अपनी गोद में पारग्या को लिया। सभी नीचे उतरने लगे मेरे मन में पारग्या को लेकर कुछ पंक्तियाँ उतर रही थी और उसे गोद में लिए जाने कब नीचे उतर गई।

यह घड़ी कठिन थी मेरे लिए अभी भी मेरी गोद में पारग्या
एक माँ तुझे जन्म देती है मै तुझे अस्तित्त्व की गोद से उठा लाती हूँ
अब माँ मिली तुझे अपना वजूद लुटा तुझे दिल से अपनायेगी
नन्ही परी की बिदाई की घड़ी आई थामने को जी चाह रहा था
बाहर बहुत कोलाहल मचा था कोई उमड़ी नदी बाँध तोड़ निकलने वाली है
सामने से शोर सुन माँ भी घर से निकली बोली दिल में जगह बना चली
माँ का बोझल दिल आँखों में सुजन अब तू भी छोड़ चली गुजरी रात की तरह

काँपते स्वर में माँ बोली आज तो मेरा भी न जाने कैसा मन होने लगा है। आज जैसे कोई मेरे हाथ–पाँव बाँध रहा हो। ऐसी सुंदर बच्ची रंग गोरा मोटी–मोटी आँखे देह मक्खन जैसी माँ तो तन्मय होकर देखने लगी। अपने पराये की सुधि भूल गई। क्या मालुम था? यह बच्ची हमारी नही।

बच्ची गोद से उताकर मै तो धीरे–धीरे पीछे हट गई। दूसरी ओर माँ भीड़ से निकल कर चल दी। मैंने माँ की भरी हुई आँखों को देखा दोड़कर उनको सम्भाला। जब दोनों गाडिया चल दी मेरा मन भी मचलने लगा। मै दूर खड़ी गाड़ी जाती देखती रही। माँ का हाथ बार–बार मेरे उपर आशीर्वाद के लिए उठ रहा था। मेरे हाथ में तो जान ही नही रही। गाड़ी तो धुआँ उडाती चली गई।

आज आपने साध्वी माँ मेरे अन्तःकरण को छेड़ दिया। वर्षो बाद आपको कहते हुए बहुत कष्ट हो रहा है। मेरे अंतरमन की गुप्त वेदना को छेड़ दिया। मै उस बच्ची के जाने के बाद जान पाई देह के सम्बद्ध नही होते कुछ सम्बन्ध आत्मा से जुड़ते है। जाने किस पुण्य के प्रताप से उस बच्ची का चेहरा देखना नसीब हुआ। मुहल्ले की सभी औरतो ने मुझे सराहा। आप बड़ी सौभाग्यवती स्त्री है जो बच्ची को बचा लिया वर्ना जंगली कुते क्या हाल करते। मैं तो चुप सी हो गई थी।

उसके बाद माँ मुझे अपने साथ ले गई उनके यहा मेरे साथ पडोस की दो महिलाये और चली आई। माँ ने मेरा हाथ चूमा बोलना शुरू हुई संसार में कोई किसी का नही। मुझे लगा उनकी भरी आँखे भी उस समय बहुत कुछ कहना चाह रही थी।

आज तो दिन का पता न चला चार बज गये। वे महिलाये खड़ी–खड़ी बातें करती रही कुछ देर बाद चली गई। इतने में टीना मुझे बुलाने आई। मै चलने लगी माँ ने हाथ पकड़ा रोक लिया। मैंने टीना से कहा तुम पढो और खाना बना लेना। मै कुछ देर में माँ को साथ लेकर आती हूँ। अभी कुछ देर इनके पास बैठती हूँ।

मैंने माँ को हमेशा शांत पाया। मैंने साँझ के समय सभी को एक–दूसरे की निंदा में संलग्न देखा। मैं सदैव सोचती सभी लोग दुसरे के बारे में कितना जल्दी निर्णय ले लेते है। परन्तु माँ ने आज तक कभी किसी के बारे में कुछ नही कहा। मुझे तो प्रभु के अतिरिक्त किसी के बारे में कुछ कहना बिलकुल पसंद नही था। किसी को जानना आसान नही जानने के लिए धेर्य की अपेक्षा

किस में है। आजकल तो मित्र क्या परिवारिक लोग ही अपरिचित और अजनबी बने रहते है। किस–किस को जाचेगे। जीवन बहुत रहस्य पूर्ण है मैने कभी माँ को किसी से बात करते नही देखा। सात साल से मै उनके सामने रह रही थी। बहुत अच्छे तरीके से अपनी जिन्दगी चला रही थी। उनके चहरे पर कभी शिकायत नही देखी। अकेला व्यक्ति तो स्वमं अनजानी परिस्थितयों से घिरा रहता है। प्रभु ने उनको साहस और योग्यता बख्शी थी की वे अपनी जिन्दगी का आइना साफ देख रही थी। आंधी तूफान में चलना सीख गई थी आने वाली समस्याओं का सामना करना सीख गई थी। दुनिया स्वयं सामना करने के काबिल बनाती है।

8

माँ ने चुप्पी तोड़ी

वह पहले से अपने घर में सदैव अकेली ही दिखाई दी। कभी कभार कोई मिलने आता था। मैंने भी कभी नही पूछा। आज उन्होंने बताया उनके पति फौज में कमांडर थे। वह अपने पाँच सैनिको के साथ खतरनाक कार्य के लिए चल दिए। उन्हें पता था इस कार्य में जीवित बचने की सम्भावना कम है। वे स्वेच्छा से जौखिम उठाने को तैयार हो गये।

(माँ बोलती चली गई मै चुपचाप सुनती रही)

मुझे उस रात फोन किया अच्छे से बात की सब समझाया किस तरह क्या करना है। मुझे हमेशा सलाह दिया करते थे। मेरी भी आदत सी हो गई थी सभी बातो पर सलाह करने की। वह उस दिन अपनी बात कह ही रहे थे किसी ने पीछे से कुछ कहा उनका ध्यान बँट गया। मुझे भी सुना कोई अत्यंत आवश्यक संदेश देने आया हो। बस फिर बात वहीं बन्द कर। आखिर में इतना कहा अपना ख्याल रखना। वे जिंदगी में जौखिम उठाने में दो कदम आगे रहते थे। मुझे एक सिपाही ने बताया संदेश को लिया पढ़ा अपनी सैनिको की टुकड़ी को एक नजर देखा उनकी आँखों में जोश भरा था। अपनी टुकड़ी पर बुरी तरह चिल्लाए आँखों का तेज ही बता रहा था। अपने सैनिको को लेकर मोर्चे पर निकल गये शहीद हो गये।

उस दिन और अकेली हो गई। घुमने गई हुई थी यह खबर किसी ने

रास्ते में दी । राह में ही बैठ गई। घने वृक्ष की छाया थी। राह में आँखे बन्द किये काफी देर बैठी रही। बैठी–बैठी लोगो के चलने की आवाजे सुनती रही। लोग तो भागे जा रहे थे।

उस समाचार के साथ मेरा मन गहरी पीड़ा के साथ भर गया। मै जानती थी कुछ देर में लाश घर पहुच जायेगी साथ ही सभी रिश्तेदार आस–पड़ोस के लोग भी पहुँच जायेगे।

मन में अजीब सा भय चिंता जागी। दुःख क्या होता उसका क्या मूल्य चुकाना होता है। परमात्मा को भी अपने विरोध में देखा। हम भी कैसे है जन्म तो स्वीकार कर लेते है परन्तु मृत्यु स्वीकार नही करते। लेकिन कितना भागेगे कोई नही भाग सकता है। मृत्यु से भी भला कोई जीत पाया है। हम ही भूल जाते है वह तो जन्म के साथ ही चलती है। मृत्यु से कभी भागा जा सकता है। सब भाँती भाग कर देख लो अंत तो मृत्यु के घेरे में आना होगा। उस दिन शरीर में जान नहीं रही। भयभीत सी भी रही। फिर मन में भय तो मृत्यु है वही अभय अमृत है। भय तो बहुत प्रेत योनी को जगाता है यह सब अपने आप समझ आ रहा था। भगवान है वहाँ तो भय का मतलब ही नही। मेरे मन ने बाहरी परमात्मा की मूर्ति अपने मन से तोड़ दी। मुझे आज अहसास हुआ मनुष्य ने जिन मूर्तियों का सर्जन किया है वह स्वयं के भीतर की मूर्ति से बिलकुल अलग है। जहां हम है परमात्मा वहीं है हमारे साथ परमात्मा है। मेरे भीतर परमात्मा के प्रति सात्विक क्रोध भरा था। मैंने बाहरी सारी मूर्ति तोड़ दी। निश्चय बाहर सबको बताती तो सभी हँसते। आज तुमसे जाने कौनसे प्रेम के नाते सब कह रही हूँ।

अब क्या बताऊँ अमावस की अंधेरी रात उस रात मन से सारा प्रेम सारी मित्रता शत्रुता सब समाप्त हो गई। मेरे भीतर कुछ नही बचा सच कहूँ जीवन का जाने कौनसा छोर पकड़ गई। मुझे रास्ते से मेरे रिश्तेदार गाड़ी में बिठा ले गये। घर में घुसते ही घर सभी रिश्तेदार दोस्तों से भर गया। अपना घर ही पराया लगने लगा। लगा जाने किसके घर आ गई। किसी की हत्या हो गई। सब विचारों का उदगम स्वयं के भीतर था। जीवन की गंगा जितनी बाहर बहती है लेकिन गंगोत्री स्वयं के भीतर ही है। दुःख में ही फूटती है तभी स्वयं की प्रतिध्वनी सुनती है। अपने होने का अहसास होता है। दुसरे की झलक साफ नजर आती है। मै तो ठहर गई आश्चर्य पूर्वक सब देखती रही।

द्वार खुला खुलते ही तीन चार सिपाही भीतर प्रवेश हुए। मै सामने खड़ी

हुई और पति के कमरे में पति का मृत शरीर (लाश) को रखवाया। आज समझ आई मृत्यु तो भीतर में समाई है। मरने वाला बाहर नजर आ रहा है। जीवन से अलग हो गया है। जीवन और मृत्यु दो बीज भीतर पड़े है। मृत्यु को विष समान मान लेते है। आकांशा अमृत के फ्लो में रहते है। बाकी सब भूल जाते है। दुःख की घोर पीड़ा में जाना सभी कुछ स्वयं की परछाई में छिपा है।

आधी से ज्यादा रात बीत गई कुछ एक करीबी रिश्तेदार रात को रुके। अब समझ आ रहा था मनुष्य की कैसी सृष्टि है स्वयं जीवन को पल भर में मृत्यु भी बना सकते है। मृत्यु का क्या? वो तो अपने आप आ जायेगी। उसको बुलाने की जरूरत नही। मौत तो साथ खड़ी है बस दिखाई नहीं देती। इतनी बड़ी जिन्दगी में यह छोटा सा राज छिपा रहता है।

रात्री मौन थी और मैं भी मौन हो गई। उस दिन मुझे शून्य ने घेर लिया। जीवन के शब्द बनकर सारी विघ्न बाधाये सामने खड़ी हो गई। भीतरी शब्द घावों में उभर आये। मै चुप रही किसी से कुछ नही बोली। शब्द मेरे घाव नही भर सकते थे। मौन में कुछ स्वस्थता दिखाई पड़ी। अब मुझे परिचितों ने घेरा हिलाया तब मेरी पाषाण जैसी जड़ता टूटी आँखों से निकले आसुओ ने खबर दी। मेरा सारा शरीर कंपित हो रहा था। बर्फ की तरह पिघल रहा था मन रो रहा था। आज परमात्मा ने सब छीन लिया। मेरे जीवन में अब मृत्यु के अतिरिक्त कुछ नजर नही आ रहा था। हृदय में जो हो रहा था उस समय उठी हृदय तरंगे शरीर तंतुओ तक आ रही थी। उनका असर हो रहा था। मै रोती रही – रोती रही मुह से इतना निकला मै भी मरना चाहती हूँ। आज मै अत्यंत निधर्न और निराश हूँ। मेरे पास कुछ नही बचा। जो था सब छीन गया। मुझे कुछ समझ नही आ रहा था।

माँ बोलती गई मुझे ऐसा लगा उनके भीतर कब से सब बबाल भरा होगा। जो आज तक किसी से कह नही पाई मै उन्हें बीच में बिलकुल टोकना नही चाहती थी। पहली बार अपने पति की बात कही। मै सुनती रही कुछ बोली नही। पहली बार ज्ञात हुआ माँ शांत परमात्मा की और तैर चली। सत्य तो स्वयं के भीतर है। स्वयं के भीतर तैरना एकमात्र मार्ग है। सत्य स्वयं के भीतर खोजा जा सकता है कोई और दे नही सकता गुरु राह बता सकता है। मन में विचार आ रहे थे जो सहारे खोजते है वे तट पर ही डूब जाते है। जो तैरने का साहस करते है वे डूब कर भी पहुँच जाते है। माँ ने दुःख की बहुत बड़ी नदी पार की है दुखो में तैर कर उस पार चली गई। लोग व्यर्थ

में दुःख की गाथा गाते नही थकते उससे क्या मिलता है? माँ अपने में स्थित हो धर्म को खोज लिया। सभी परमात्मा को पाने के लिए जाने कहाँ भागे जा रहे हैं। भाग कर परमात्मा को कैसे पाओगे। जो भीतर बैठा है इसी क्षण पा सकते है। भाग कर तो केवल खोया जा सकता है पाने के लिए ठहरना होगा रुकना होगा। स्वयं के भीतर झाँकना होगा। वर्षो बाद माँ की सत्य उपलब्धी के बाद बातो में दर्द भरा था। उस दर्द को कोई विरला ही समझ सकता है। दर्द में परमात्मा के अतिरिक्त कोई पथ नही।

मेरे मन में विचार चल रहे थे टीना आई चलो खाना तैयार है। माँ भी थोड़ा सम्भली चलो हम लोग माँ को सहारा दे उपर ले गये। मैंने आज माँ के घर को अच्छे से बन्द किया। मेरा मन था माँ को अपने साथ सुलाया जाय। लेकिन माँ से कुछ कहाँ नही। खाना खाने के बाद मैंने काफी बनाई टीना को दी अपने लिए रखी। माँ को थोड़ा हल्दी डालकर गर्म दूध दिया।

सोचती हूँ माँ ने पति की मृत्यु के बाद कितना अकेली असहाय और असुरक्षित महसूस किया होगा। दर्द का तूफान गुजरने के बाद ही पता चलता है कि भीतर का प्याला खाली है। माँ उट–पटांग इधर–उधर झाँकने की बजाय अपने में सिमट गई। मुझ पर आपना रहस्य खोलने के बाद मन की ज्वाला कुछ ठंडी पड़ी होगी। कुछ लोगो की जिन्दगी का पर्दा उठाओ तो दर्द का पता चलता है। स्वाभिमानी व्यक्ति दुसरो की मेहरबानियो पर जिंदा नही रहना चाहता। स्वयं के यथार्त को जानने का साहस भी किसी–किसी में होता है।

एक बात याद रखना रोग को ढकने से कभी रोग का छुटकारा नही होता। इस तरह रोग कभी नही मिटते बल्कि और पुष्ट होते है। जब भी जीवन की समस्या को गलत ढंग से पकड़ा जाता है। परिणाम स्वरूप समस्या के समाधान में समस्या से भी बड़ी समस्या बनकर सामने आते है।

माँ ने दूध पीया थोड़ा संभली बोली यह सामने जो पेड़ देखती हो। यह उन्ही के हाथ का रोपा है। कहा करते इसकी छाया में बैठना। यह उतना बड़ा नही था जितनी छाया आज दे रहा है। मै इसके कणों में कभी–कभी उनका स्पर्श खोजती हूँ। फिर आपना हृदय टटोलती फिरती हूँ। एकाएक मन प्रेम से भर शरीर काँप उठता है।

उनकी बाते सुनकर मेरी उत्सुकता बढ़ चली। आज माँ को देखकर मुझे तो संसार में ही संन्यास नजर आता है। घर में रहकर ही कोई प्रतिक्रिया न

हो वहाँ ही मुक्ति है। जो बंधा नही उसका रुपान्तर्ण हो जाए। राग–द्वेष क्रोध–घृणा सब समाप्त हो जाए। दुःख और संताप पैदा होते है तो मनोदशा सर्वसत्ता से जुड़ती है। स्वयं की जड़ो से अलग होने पर पैदा होती है। फिर भीतर प्रेम भर जाता है शान्ति और करुणा का संगीत भीतर बजने लगता है। मै कहती हूँ वह जीवन में अखंड अटूट प्रेम पा लेता है। आज मेरा अतीत सा जीवित हो गया।

मुझे शांत देख माँ ने इशारा किया मुझे अपने पास बुलाया। मेरी पीठ पर हाथ फेरने लगी उनका प्रेम भरा स्पर्श गहरी पीड़ा से भर जाता। मै जानती हूँ सभी बाते यही रहने वाली है कोई अपना समझ कर कहता है सुनने में आनन्द ही अलग। माँ मेरी पीठ सहला रही थी मै थोड़ी झुक गई थी। माँ के हाथ हटाते ही मैंने मुह उपर किया मेरी आँखे भर आई। मैंने माँ से कहां आपने सभी बाते बताई लेकिन कुछ सवाल मेरे मन में अभी उभर रहे है। आप कहे तो सोचा पुछ लू। मै जानती हूँ तुम क्या पूछना चाहती हो। पूछ लो आज जो पूछना चाहती हो।

जीवन में परमात्मा की और चलने पर कई राज पीछे रह जाते है। परमात्मा की दिशा में चलना बेहतर रहता है। इसके अतिरिक्त कोई रास्ता नही। अपनी दिशा बदलनी बढ़िया है अगर इसके विपरीत चलेगे तो समझो स्वमं को तोड़ना नष्ट करना है। अब क्या? क्या चिंता? क्या मृत्यु? क्या दुःख? यह सब मानने लगी तो परमात्मा के विरोध में खड़ी हो जोउगी। किसी के भी विरोध में चल कर हम कही नहीं पहुच सकते। मैंने जहाँ तक जाना जीवन का आनन्द तो स्वयं को जीते जी जानना है स्वयं को उपलब्ध होना। अदृश्य जंजीरों में बंधा व्यक्ति भला कैसे खुश रह सकता है। मै अपने आप सारी तृष्णाओ कामनाओं से मुक्त हो गई। मै रोज सामने पेड़ के नीचे बैठती हूँ। साँझ का अँधेरा घिर आता है भीतर जाती हूँ। तुमने सदैव आते–जाते मेरा हाल पूछा मुझे राम–राम की मुझे बहुत खुशी होती। तुम्हारे लिए दुवाएँ ही निकलती। अब पूछो क्या पूछना चाहती हो।

माँ ने बोला तुम पूछो मै तो घबरा सी गई। आज तक अपने बच्चो के बारे में नही बताया। ना ही इतने सालो से किसी को आते देखा। यह प्रश्न कैसे पूछा जाय? हरगिज मै नही चाहती थी माँ का मन दुखी न हो। थोडा अंदर में हिम्मत करके माँ से पूछा माँ आपने बच्चो के बारे कुछ नही कहा।

मेरी बात सुनते ही माँ का चेहरा उतर गया। जैसे कच्चे रंग पर पानी

पड़ गया हो। माँ आप नही बताना चाहती तो मत बताये। इस समय मन में ख्याल आया तो पूछ लिया। रात तो हो गई थी इतने में टीना उठी थोड़ा हल्का गर्म पानी लायी माँ को पिलाया। आज बात करते माँ को रात–दिन का ख्याल न रहा। आँखे भर आई मैंने छोटा टॉवल दिया आँखे पौछ ले। उसके बाद बड़ी गहरी दर्द भरी स्वांस ली। बोली आज मैं बाहर इसीलिए नही निकल पाई मेरे बेटे का आज जन्म दिन है। कल संध्या से ही थोड़ी बैचेनी हो रही थी। इस बात से इनकार नही पूर्व जन्म के संस्कार भी आड़े आते है।

बड़ा बेदर्द है बेटे के बारे में कह पाना सब याद आ जाता है। प्रकृति सन्नाटे भरी जाड़े की राते होती थी। सारी दुनिया अन्धकार के लय में नींद का आनन्द लेती थी। मै रात–रात भर उसको खिड़की से झाँकती रहती। दसवी बाहरवी परीक्षा होती। मेरा बेटा हाथ में किताब लिए एक बुझे अलाव के समान चुपचाप बैठा दिखाई पड़ता। कभी–कभी खिड़की से आवाज मारती। कभी धीरे से उसके पास जाकर उसे हिला कर कहती पढ़ ले। उसके साथ बचपन कैसे बिता पता ही नही चला। बहुत प्यार था ढेर सारी बाते करते है। अपना सुख दुःख एक साथ बिताया। सोते जागते उसी से चर्चा होती। हम सारे कष्ट भोग चुके थे। उसे पता था मै परिवार में ज्यादा जाती नही थी ना ही ज्यादा किसी से बात करती थी।

मेरी बातो पर मेरा बेटा खूब हंसता बड़ा होने पर भी बेहद बचपना था। ऐसा हंसता हंसाता दांतों से उजास झरता कि समूची फिजाँ गुलजार हो जाती। हँसते–हँसते हजार निर्मल कल–कल सी आवाजे सुनाई देती। उसकी वह जादुई हंसी की गंध मुझे आज भी मन्त्र मुग्ध करती है। मै तो पेट पकड़ भागने लगती। बचपन में सफेद टी शर्ट का पहनना और खेल–खेल में बहुत मैली करना भुला नही पाती। आज तो 28 सालो का व्यक्तित्व की धुंधली छाया भर बची है। असल में क्या कहूँ एक आत्म विश्वास के साथ पढाई का सफर तय करवाया। इस तरह हर अभाव में चोट के हर दर्द को झेलते हुए उसकी पढाई पूरी करवाई। बहुत पूजा पाठ अनुष्ठान करती। उसे पता भी नही होगा कितनी–कितनी मन्नते माँगती। चमत्कार भी बहुत हुए उसका दाखिला आई–आई एम बेंगलोर हुआ। एम.बीए की पढाई होस्टल से पूरी की उसके बाद विदेश गया।

9

पुत्र पवित्र प्रेम गाथा

जिस लडकी को दो साल पहले सभी ने ना की उसी से शादी की जिद्द कर बैठा। जिस दिन हम उस लडकी को देख कर आये। उसकी माँ एक बार उठी तक नहीं। पुरानी मैली सी साड़ी पहने बैठी रही। दूसरी बात अपने बेटे को बाहर भेज दिया हालांकि उस दिन अवकाश का दिन था। लड़की ने ही चाय पानी पिलाया। उसके बाद खाना खिलाया लेकिन खाना बनाते समय उस लडकी के हाथ से बार–बार बेलन निचे फर्श पर गिर रहा था। मुझे कुछ भी अच्छा नही लगा। हम लोग घर आ गए बेटे ने मुझसे पूछा कैसी लगी उस समय मै कुछ नही बोली। मैंने कहा ठीक है अगले दिन मैंने कहा नहीं वो लडकी ठीक नही है। मेरा बेटा उस दिन से बहुत उदास सा हो गया। काम करने में विदेश के सिस्टम में सारा काम बिगड़ गया। उसके पापा ने मुझे समझाया उसकी मर्जी है करने दो। जो भी है उसकी जिन्दगी है करने दो तुम आज के बाद कुछ नही बोलोगी। सच उस दिन से मैने स्वीकार कर लिया बेटे की खुशी में सब कुछ है।

उसके बाद लडकी वाले हमारे घर पूरी तैयारी के साथ आ गए हमें कुछ नही बताया। बेटा ने बताया की वो चार व्यक्ति आ रहे। वो चाहते है छोटा सा रोका हो जाए। मैंने खुशी–खुशी खाना बनाया। हमने खुल कर बात की लेकिन लडकी की माँ ने कुछ नही कहा उलटा मुझसे भी पैसे ले बड़ी खुश हुई। चलो खाना खाया सब अच्छे से विदाई हो गई। लडकी की माँ मुझे बहुत तेज लगी मैंने कहा हम लोग संगाई का फंक्शन करना चाहते है उसके लिए

भी मना कर दिया। खैर चलो हमने तो बेटे की खुशी के लिए सब सह गए।

हमारे पास भगवान का दिया सब कुछ था हमे कोई लालच नही था। हमें बेटी चाहिए हमने कुछ भी लेने से इन्कार कर दिया। माँ कहती रही आप दोनों के कपड़े बताओ जब हमने उसके खूब कहने पर कहा चलो एक साड़ी द`दो फिर कहती है मैंने सूट खरीद लिए बड़ी अजीब महिला थी। फिर पूछा क्यों? फिर अगले दिन बेटी से फोन करवा दिया कैमरे वाला भी आप कर लो हम सारी बात मानते रहे। लेकिन सबसे बड़ी हैरानी उस दिन हुई शादी वाले दिन बच्चो के सगन के लिफाफे दिए वो भी खाली। कुछ लिफाफे खाली निकले और बड़ो के लिफाफे में पांचसो की जगह सौ–सौ के नोट निकले। वो तो मेरी माँ के हाथ में बहनों के लिफाफे पकड़ाए। वो देखने लगी ये क्या है किसी में पांच सौ के किसी में सौ के माँ वहीं थी सब देख रही थी वहीं बदल दिए। इन सब बातो को देख कर मुझे लगा इस महिला ने अपना अच्छा इंतजाम कर लिया। बेटी ने पांच साल कमा कर दिया उसे भी बेवकूफ बनाया। मुझे बहुत हैरानी तो तब हुई जब घर में अटैची खोली गई उसमे एक सादी साड़ी और एक सूट निकला। हमारे यहाँ रिवाज है ननद पेटी खोलती है। बेटी को पेटी खुलवाई दी जाती है। उस साड़ी को मैंने अपने देवर की बेटी को दिया लेकिन एक घंटे बाद माँ ने फोन किया साड़ी वापस लेलो। मेरे तो एक बेटा था तो हमारे देवर की लडकी थी। उसने यह बात सुनी तो पेटी खोलवाई वाली साड़ी वापस कर दी। मैंने देवर की बेटी को अपने से जो देना था दे दिया।

मुझे सब समझ आ गया जो अपनी बेटी की नही वो किसी की नही हो सकती।

मेरा बेटा अभी बिलकुल नही समझता क्योकि जवानी की वासना सिर सवार थी। इस समय कुछ भी समझाऊँ कोई बात नही सुनेगा। फिर भी मैंने कई बार बात करने की कोशिश की लेकिन एक नही सुनी। मैंने चुप्पी साध ली मैंने सोचा अभी बहुँ माँ के पुरे चक्कर में है उसे मै भी कुछ नही समझा सकती। वह मेरी बात क्यों समझेगी। मैंने अपने बेटे से बात करनी बिलकुल बन्द कर दी उसके बाद उसके बेटी हुई उसकी माँ आती रही। चलो मै इस बात से खुश थी। है तो हमारी औलाद। उसकी माँ को समय है पति की छोड़ी हुई थी। कुछ काम था नहीं यहीं किया सारी जिन्दगी। अकेली उसी का खा रही थी सबको भडका रही है। बस मै अपने मै समा गई। अब पति की मृत्यु

के बाद मुझे कोई मोह नहीं रहा। अब मेरा रोना धोना सब व्यर्थ है। अब इस विषय पर विचारने का साहस नही होता। हाँ कभी–कभी हवा के झोंके की तरह याद आ जाती है आँखे जरुर गीली होती है। किस के लिए रोऊँ घड़ी भर को सिर जरुर चकराता है। इसी चिंता में सो जाती हूँ किसको कहूँ। भोजन करने की भी रूचि नही रहती। माँ बोलते–बोलते रुकी ऑह मेरा भी गुजर हो जाएगा।

मेरे मुहँ से सहानुभूति के शब्द निकलते माँ ने घड़ी को देखा बोली आखिर तुमने मेरी गुप्त वेदना को बाहर निकाल लिया।

मै बोली माँ यह पुत्र प्रेम का रोग सबसे असाध्य रोग है। मै आपके भीतर छिपे आसुओ का रहस्य समझ सकती हूँ। आप शांत रहकर अपने ह्रदय को किस आग से बचाने की कोशिश कर रही है। ह्रदय को कितना दबाकर कितनी राते करवटें बदलकर निकाली होगी। दुसरो से छिपाकर कितने आँसू निकालेगी। हाँ यह सही है पुत्र प्रेम दीवार की भाँती सामने खड़ा होगा। भुलाए न भूलता होगा। मै जानती हूँ माँ की शीतल छाया कभी तो याद आएगी। जब संसारिक जीवन की लू की लपट असहनीय हो जायेगी। सह न सकेगा तभी माँ का शीतलता भरा प्रेम याद आयेगा।

मुझे आपके पुत्र से लेशमात्र भी सहानुभूति नही हो सकती। आपने उसको पालने में अपने जीवन का पल–पल प्रेम से भरा। उस प्रेम को शब्दों में बाँधना कठिन है। मेरी बात सुनकर माँ का चेहरा उतर गया था जैसे किसी कच्चे रंग पर पानी पड़ गया हो। बस इतना ही बोली इस बात को ओरो पर प्रकट करने का साहस न हुआ। माँ के आपके पुत्र प्रेम की दर्द की दवा बड़े–बड़े तमाम वेद भी न दे पाए। यह कोई रोग नही कोई अंग खराब हुआ तो इलाज करवा लिया।

माँ बोली सच कहती हो पुत्र की याद तो हमेशा आया करती। मेरी जिन्दगी भर की कमाई मिटटी में मिल गई। अब कफन क्या भरोसा नही कौन देगा।

यह कहते ही अचानक ही माँ की आँख लग गई गहरी नींद में चली गई। मैने धीरे से कम्बल ढक दिया और टीना भी सो चुकी। लाइट बन्द कर दुसरे कमरे में चली गई।

मै जाकर एक बड़ी कुर्सी पर बैठ गई। शांत चित आँखे बन्द कर बैठ गई। मन में स्वयं ही विचार चलने लगे कई लोगो की जिन्दगी भर की मेहनत

खराब चली जाती है। माँ ने सही सोचा यहाँ समझदारी और सत्य ही शक्ति देती है। माँ के बूढ़े कन्धो की जिम्मेवारी क्यों लेगा।

सच्चाई का भले ही रूप न हो। यह सबब शुरुवाती होता तो पूरी जिन्दगी साथ चलता है। बड़ी उम्र में आकर मिलता है।

वैसे व्यक्ति का भ्रम है किसे मात दे रहा है। मुझे तो सब भ्रम भाँती नजर आ रहा है।

आज तो एक कथा मन में घूम रही है।

एक बार एक व्यक्ति मृत्यु को देख घबरा गया बिस्तर पर पड़ा–पड़ा भगवान से प्रार्थना करने लगा। गिड़गड़ाने लगा हे प्रभु मुझे एक बार जीवन दान दे दो बस मै इस हवेली को बेच कर सारा पैसा गरीबो में बाँट दूँगा। बीमार आदमी क्या–क्या सोचता है। कई महीनो से बीमार आदमी धीरे–धीरे ठीक होने लगा। सचमुच एक दिन चमत्कार हो गया। वह व्यक्ति ठीक हो गया और जब वक्त आया अपनी हवेली को बेचने का तो मन में लालच भर आया। हवेली से अलग होना उसके लिए मुश्किल था। उसके मन में योजनाएं चलती रही। व्यक्ति समझता ही नहीं किसे धोखा दे रहा है। ईमानदारी और सच्चाई साबित करने का समय आया तो वहा भी लालच। अपनी परख की जब बारी आई तो लालच भर लिया। भगवान व्यक्ति को बार–बार मौका देता है व्यक्ति चुक जाता है। असल में व्यक्ति ने अपनी आत्मा को भ्रष्ट कर डाला है। आत्मा से तो बार–बार आवाजे निकलती है। व्यक्ति उन आवाजो को अनसुनी कर देता है।

व्यक्ति के मूल में प्रेम के सिवा कुछ नही है। बस बाहरी झूठ से अपने को भर लेता है। अरे मै क्या सोच रही हूँ आधी रात बीत गई नींद थी के आज की रात आने का नाम नही ले रही।

फिर एकाएक पारग्या की याद आई आँख में पानी भर आया। जाने कैसी होगी मेरे मन में ख्याल आते ही साथ पड़ी अपनी डायरी में लिखने बैठ गई। मेरे सामने उसका चेहरा आ गया। मेरे भाव उठने लगे बस कहने में अब कोई रस नहीं रहा। मेरे उपर कोई बोझ न रहे इसलिए कह रही हूँ। मन की हालत कुछ अच्छी नही है। हा यह भी सही है मै अपनी आत्मा में उठ रहे सवालों का भुकम्भ लिख रही हूँ। सबसे करीब हम आत्मा के करीब होते है और क्या लिखू आत्मा में कुछ बचा भी नही लिखने को।

आत्मा का मामला बड़ा कठिन है। मैने अपने भीतर अनेक सावन उठते

हुए देखा मेरे भीतर गजब की रहस्यमयी वनस्पतियों की अँधेरी हरियाली घुल रही थी। कैसे कुर्सी पर बैठी परेशान हैरान सी थी। क्या चल रहा है जिन्दगी में।

मै अभी तक अपने ख्यालो में बंधी थी। ढलती रात कुछ सकून भर गई। बाहर झाँक कर देखा हल्की बूंदा बांदी नजर आई। सुबह के (5) पाँच बज चुके थे। मौसम बेहद खुश गवार था। मैंने बगल में माँ के कमरे में झाँक कर देखा माँ और टीना दोनों सो रहे थे। मुझे एक तो नींद बहुत कम आती है। बस मै कुर्सी से उठी और विचारों की समूची राम कहानी समाप्त की। कैसी अदभुद रात थी। बाहर चिडियों का कलरव शुरू हो गया था पक्षी नाचने कूदने लगे थे। पहली बार मेरा विचित्र सम्बद्ध बंध गया। मै कुछ पल के लिए खो गई। मेरे भीतर एक अजीब सी सीत्कारी फूटी मुझे सुख और पीड़ा की अनंत अनुभूति हुई।

मै आँखे बन्द कर विराट दृश्य देखने लगी इतने में सूखे पत्ते मानिंद कम्पकपाते हाथो से टीना ने मुझे जगाया। मै रात भर न सोने की वजह से नींद की बेहोशी नशे की खुमारी में थी। आज की जादुई सुबह और मायावी अँधेरे में अपनी देह को भूल चुकी थी। सच में बीते दिनों की सुगंध भी कैसे हवाओं की तरह टकरा जाती है। मुद्दत के बाद सुबह के प्रेम में इस तरह चुपचाप शांत सुबह मेरे जीवन में शामिल हुई। जमाना गुजर गया अकेले बैठ कर चाय पीते हुए।

टीना चाय रख गई मैंने उस और देखा तो भीतर से आ रही थी टीना माँ की देह से लिपटी हुई थी। मै बड़ी चकित और विस्मित आँखों से देख रही थी। टीना ने आहिस्ता से माँ को कुर्सी बैठाया और कंधे छोड़ा। माँ को चुप देखकर मैंने शंकित स्वर में देखा। हम लोग मेरे कमरे से बालकनी में आ गये। वक्त कहा गया पता नही चला हम सभी ने चाय पी समय आठ (8) बज चुके थे। माँ का चेहरा देखा मस्ती भरा सरूर था।

थोड़ी देर तो खामोशी छाई रही। कुछ देर बाद माँ बोली यह दिन कैसे गुजर गए पता नही चला एक सुखद अनुभव था। मेरे अकेलेपन के जिन्दगी के धक्को के बीच प्रेम ने मेरे भीतर प्रवेश किया। मैंने अपनी जिन्दगी के दुःख लिख–लिख कर कई डायरियाँ भर डाली थी। मगर कब तक उन्हें पढ़ती? जिन्दगी युँ ही गुजर जाती है। खुद ही पढ़ कर खुद ही रोने लगती। लेकिन एक दिन पढने के बाद मुझे सब खेल नजर आया। मन भर आया अजब

विडम्बना थी। जब मुझे अहसास हुआ बाजी हाथ से निकल चुकी है। मैंने सारी डायरियो को आग में डाल दिया। अपना अतीत उनके साथ समाप्त कर दिया। मै शांत हो गई। भाड़ में जाए जिन्दगी पुत्र प्रेम इतनी बड़ी कीमत चुकानी पड़ी उसके बाद मैंने याद नही किया। याद आ जाती है। यह मेरा पहला मौका है मै बाहर हूँ और मेरे साथ तुम हो। वर्ना जिंदा रहना मेरे लिए कठिन था। बड़ी मुश्किल से मैंने अपने भीतर मचे तूफान पर काबू पाया।

और एक काँपती थरथराती भावुक सी आवाज माँ के गले से फूटी आप हेमा बहुत अच्छी हो। लेकिन मैंने देखा उनकी आँखों में एक अनजानी सी चमक थी। यह चमक मैंने उनके भीतर प्रेम भरी प्यास की देखी हो। उन्होंने मुझे बड़े लाड़ से देखा और बोली रात बहुत गहरी नींद आई। एक बार चौक कर उठी तो थी जाने फिर से कैसे गहरी नींद आ गई। बचपन से जिन्हें मै देखती और झेलती आ रही हूँ रिश्तो से जुड़ी उन किंवदंतियों के बारे में सोचते–बुनते ही बड़ी हुई हूँ। हमारा परिवार काफी बड़ा था। मेरे पिता अपने चचेरे ममेरे फुफेरे सभी भाइयो में बड़े थे। उनसे जुड़ा व्यवहार किस्से खोफ पैदा करते है। सभी उनसे डरते थे सम्मान भी करते थे।

दरसल पिता की बात करूँ तो दादाजी से बात शुरू होती है। दादाजी शहर के नामची शकसीयत थे। राजस्थान में झुंझनु जिला बागड़ शहर में बड़ी हवेली थी।

दादाजी ने गुरुकुल में संस्कृत साहित्य का गहन अध्ययन किया था। देश गें आजादी की लड़ाई के बाद जमींदारी जाती रही। घर में सभी का जमावड़ा बना रहता था। दादाजी भी एक दुर्घटना में मृत्यु को प्राप्त हो गये। घर अस्त व्यस्त हो गया सब समाप्त हो गया। दादाजी चल बसे हम लोग उदयपुर आ गये वहि बस गये। शहर में सब भली भाँती सेटिंग नही हो पा रही थी। पिताजी थोड़ा बोखला गये थे। कई बार अपना गुस्सा दादाजी की तरह बुरी तरह उतारते। एक बार ड्राइवर हरी से गैरिज से गाड़ी निकालते थोड़ा लग गई। उन्होंने ड्राइवर को पकड़ कर बुरी तरह पिटा। वह अपनी जान बचाकर जैसे–तैसे भाग गया। पहले भी कई बार घर के पिछवाड़े अंधेर कोठरी में बन्द रखा था। उस वक्त मेरी उम्र तेरह साल की रही होगी।

मुझे उस अंधेर कोठरी के पास से निकलने में बड़ा भयानक डर लगता था। इसलिए उसके पास फटकने से भी खौफ खाती थी। जब भी पिताजी किसी को अंधेर कोठरी की और खीचते हुए ले जाते मन काँप उठता। दिन भर उस कोठरी से हरी की रुदन भरी करुना आत्मा को चीर देने वाली रिहाई

की आवाजे सुनाई देती। घंटो चीख–चीख कर शमा याचना करता रहता। दादाजी की बनायी हुई हवेली से वहीं आवाजे तू आज इस अंधेर कोठरी से जिंदा नही निकल पायेगा। उसकी आह कई बार पूरी हवेली में गूंजती। माँ आवाजे सुनकर इधर–उधर डोलती कुछ अनिष्ट न हो जाए। माँ का दिल जोर–जोर से धडकता। पिताजी को हाथ जोड़कर समझाती रहती। पिताजी तो वसूलो के इतने पक्के थे की टस से मस नही होते। रात में जब हरी बाहर निकलता तो उसकी बुरी हालत सबको दिखाई पढ़ती थी। उसका इतना निरीह चेहरा आँखे इस कदर पथराई की कल्पना नही की जा सकती। मुझे वो डर और खोफ खाया आज भी दिखाई देता है तो डर जाती हुँ। माँ उसके हाथ पेर धुलवा उसको प्रेम से चाय खाना खिलाती। मगर पिताजी दूर से उसी तरह चिल्लाते अबकी बार गलती की तो गोली से उड़ा दूँगा। यह सब देखकर मै माँ और छोटा भाई से खाना नही खाया जाता। हमे तो उस बन्द कोठरी से वहीं भयानक चीखे उसका डरा हुआ चेहरा बार–बार याद आता दिल दहल जाता।

पिताजी को लगातार बिजनेस में घाटा होता रहा। शुरू–शुरू में कारोबार ठीक ढंग से चला मगर बाद में घाटा होने लगा। कोई काम थी ढंग से नही फल रहा था।

हारकर पिताजी ने अपने एक करीबी दोस्त के साथ काम शुरू किया। उस पर पूर्ण विश्वास किया मगर इस कार्य में भी अनादी सिद्ध हुए। पिता उसके हाथ की कटपुतली बने रहे। उनका पैसा डुबने लगा और उधर उनका दोस्त रातो रात लखपति बन बैठा। पिता अपना आपा खो बैठे। वह बहुत परेशान रहने लगे हर समय तनाव में रहने लगे। उन्होंने शराब पीनी शुरू कर दी और भी कई नशे करने लगे। उन्हें नशे की बुरी लत पड़ चुकी थी। क्या हुआ एक दिन नशे की हालत में सडक पर चल रहे थे। सामने वही बिजनेस पाट्नर दिखाई पड़ गया। पिताजी ने दौड़कर सब्जी वाले से चाकू छीन कर उस पर वार कर दिया। तमाशा देखने वालो की अच्छी खासी भीड़ जमा हो गई। पाट्नर के पेट में गहरा निशाँन खून से लथपद हो गये। पिताजी के भी कपड़े खून से रंग गये। और लड़खड़ा कर नीचे उल्ट गये।

मजमे को तो जैसे साँप सुघ गया धडाधड दुकाने के शटर गिर गये। हमारे घर के पीछे वाली गली के अंकल ने पिताजी को सम्भाला और किसी तरह घर ले आये। यहाँ यही कहुँगी ईश्वर की बड़ी अनुकम्पा रही पिताजी

किसी तरह बच गये। हुआ युँ की पिताजी के पाट्नर की उन्होंने शिकायत दर्ज नही की। दरोगा ने उनको घुड़की देकर किसी तरह मामला रफा–दफा किया। वहाँ के जो दरोगा थे उन्हें सच्चाई का पता था।

उसके बाद सारी जमीन जायजाद बिकती चली गई। एक दिन वह आ गया रोटी के भी लाले पड़ गये। हमारी रहने वाली विशालकाय हवेली भी जर्जर होती जा रही थी। उसकी मरम्मत रंग रोगन के पैसे नही थे। उपर से पिताजी का गर्म खून शराब शुल्फा का नशा .... इस अभाव के साथ पिताजी का गुस्सा ठंडा होता तो हमारी खैर ली जाती। बल्कि उनकी चिड़चिड़ाहट वक्त अनुसार और बडती चली गई। मेरा छोटा भाई का बचपन पिताजी के व्यक्तित्व के त्रिकोणीय संकट से घिरा रहा। पिता का व्यवहार और कठोर होता गया। जब भी गुस्सा आता हमे गालियाँ देने लगते और पीट देते और तो और हवेली से बाहर निकाल देते। माँ बीच बचाव के लिये आती उनकी अलग फजीयत होती। जब पिताजी का गुस्सा ठंडा होता वे सो जाते तो हमारी खबर ली जाती। हमारे आसू पोछे जाते हमारी मलहम पट्टी की जाती। माँ चुपके से हवेली में भीतर बुलाती।

एक बार मेरा भाई अपने दोस्तों के साथ पार्क में लुका–छिपी का खेल रहा था। शाम हल्की ढलने लगी थी। पिताजी ने भाई को आवाज लगाई खेल बन्द करने को कहा। भाई ने उनकी बात अनसुनी करके खेलता रहा। पिताजी तो भड़क गये गुस्से में लाल पीले हो गये। उन्होंने सामने पड़ा एक डंडा उठाया। भाई की पिटाई लगा दी उनकी पिटाई से भाई को बाए हाथ पर गहरी चोट आई। खून जम गया उनके हाथ में दर्द रहता। बिमारी का पता नही चला। कई सालो बाद पता चला उनको हाथ में ट्यूमर हो गया। उनका इलाज कराया गया लम्बे ओपरेशन के बाद काटकर निकाला गया।

इस घटना के कुछ महीनों बाद मुझे एक सहपाठी के यहाँ घर काम से जाना पड़ा। मै भी शाम ढले लौटी तो मुझे गालिया निकालने लगे और मेरी भी उसी तरह पिटाई लगा दी। मेरी हालत इतनी खराब हुई की उसी समय मुझे डाक्टर के पास ले जाना पड़ा।

माँ का यौवन और हमारा बचपन यु ही गुजरा दिन और निरुपाय। अभाव ही अभाव देखा है इसलिए दुःख का चेहरा मै बखूबी पहचानती हूँ। इन हालातो में हमने अपना बचपन खोया। और कब युवा में ही समझदार हो गये पता नही चला। हम बड़े हो गये माँ हमे देखकर ही जीती थी। मन ही मन

फूली नही समाती थी। उनका यही विश्वास था मेरे बच्चे ढेर पैसा कमायेगे। दुनियाँ की आँखे फटी की फटी रह जायेगी। माँ को विश्वास था इतिहास फिर से दोहराया जाएगा। दादा के जमाने का वैभव फिर लौट आयेगा।

अभाव में दस बुरी खबरों में यह एक अच्छी खबर थी भाई को पुलिस ऑफिसर की नौकरी मिल गई। भाई को नौकरी मिली इधर मेरी पढाई भी पूरी हो गई थी। माँ बहुत खुश थी। उन्होंने सत्यनारायण की कथा कराई और मुहल्ले की सभी स्त्रियों को बुलाया भोजन कराया। उनके मन में खुशी जगी अब शायद हमारे दिन बद्लेगे।

अब ये तो प्रभु ही जाने नियति को क्या मंजूर है। भाई के दोस्त हमारे यहा अक्सर आया करते। कभी सोचा नही था उन्ही दिनों मेरे भीतर प्रेम प्रवेश कर गया। बस यह समझो मै सम्मोहन की तरह उनके प्रेम में बंधती चली गई। अपने भीतर एक डर भी था दुनिया का समाज का परिवार का छोटे भाई माँ–पिताजी। सभी का खोफ भरा था वह फौज में कर्नल थे उन्होंने मुझे समझाया प्रेम करना है तो बहादुर बनना पड़ता है। बहादुर और कायर का तो तभी पता चला जब मुझे निर्णय लेना था। वह घड़ी सबसे खतरनाक थी। एक बार तो मै बहाना बना दिल्ली आने के लिए हम दोनों स्टेशन पहुँच गये। सारे बंधन तोड़ पिछला सब छोड़ दिया। मेरी स्त्री की ताकत उस दिन जाग गई। हालात से लड़ते–लड़ते अपना घर बसाने के सपनों में खो गई। एकाएक जाने कौनसी शक्ति मेरे भीतर जागी। उस शक्ति ने मुझे बहुत हिम्मत दी मैंने अपने छोटे भाई को फोन लगाया उसे स्टेशन बुलाया। वह स्कूटर ले उसी समय दौड़ता हुआ आया।

मै भी उन गलीज परम्पराओं और दोगले समाज के मकड़जाल से बाहर आना चाहती थी। कर्नल ने मुझे खूब समझाया भाई को नही बताओ। अब पीछे लौटने से सब बर्बाद हो जाएगा। हम प्लेटफार्म पर बात कर ही रहे सामने से भाई आता दिखाई दिया। उसे देखकर मेरी आँखे भर आई। आखिर खून के सम्बन्ध में खिंचाव अपनी रगों में दौड़ता महसूस किया। भाई को देखते ही मेरी आँखे भर आई। उसने झुक कर नमस्ते की। मैंने उसे गले से लगा लिया। कुछ देर मै एकदम शांत हो गई लेकिन जैसे उसकी नजर अपने दोस्त पर पड़ी बोला कर्नल साहब आप यहाँ कैसे? मेरे भीतर उथल पुथल तो मची थी। दिल को मजबूत किया और भाई को एक साँस में सारी बात कह गई। भाई ––––– मै और कर्नल साहब शादी करना चाहते है। भाई सारी

बात समझ गया और अपने दोस्त की और तीखी नजरों से देखा। चेहरे का मुआयना करते हुए बोला साला मार खायेगा। भूल जा ऐसा नाटक नौटंकी कतई बर्दास्त नही करुँगा। इश्क की खातिर माँ बाप–दादाओ की इज्जत दाँव पर लगा दी।

मै चुपचाप सिर झुकाएँ खड़ी रही फिर भाई मुझे बोला थोड़ा माथा उपर उठाओ। मैंने उनका हुक्म मान बात सुनी। चेहरा उपर किया फिर भाई बोला मै राज़ी हूँ और हँसा ठीक है चलो कही बैठकर प्लान करते है। हाँ लेकिन पिताजी कभी नही मानेगे। हम तीनो एक होटल में गये खाना खाया सब प्लान किया। हमने माँ पिताजी को कुछ नही बताया। भाई ने मुझे कपड़े कुछ सामान दिलाया और अगले दिल कोर्ट में शादी करवा दी। मुझे कुछ नगदी हाथ में पकड़ा दी। हमे बाहर से ही विदा कर दिया। उसके बाद घर क्या हुआ काफी दिन बाद भाई ने बताया।

भाई ने घर में माँ–पिताजी को सब विस्तार पूर्वक बताया। फिर भाई ने मुझे बताया मै हैरान थी की पिताजी ने न गाली गलोच की न मुझसे मार पिट की। कहाँ गया पिताजी का जनून की हदों को पार करता गुस्सा? अगले दिन जब में डयूटी से लौटा तो पिताजी स्टडी रूम में चेहरे पर हल्की चादर ढके गुमसुम से बैठे देखा। मुझे देखते ही चीख पड़े जो काम तुमने किया है यह सब बन्द करो वर्ना इस ड्रामे का इलाज है मेरे पास एक गोली तुम्हे मारुँगा दूसरी अपने आपको। सारा खेल खत्म फिर जोर–जोर से पाँव पटकते हुए भीतर चले गये। मै समझ गया उनके दिल को गहरा जख्म लगा है। एक हारी हुई बाजी की बात कर रहे है। रात भर पिताजी के बारे सोचता रहा मुझे पूरी रात नींद नही आई। पूरी रात बिस्तर पर करवटे बदलते हुए निकल गई।

भाई ने बताया अगले दिन तुम क्यों कष्ट भोगो बहुत भोग चुकी। तुमने प्यार किया है अब किसी की जिन्दगी बर्बाद क्यों करो––– क्यों? अपनी कायरता की वजह से हमे कितने कष्ट झेलने पड़े। जो हुआ सब सही है। सब नियति में तय है अब सवाल पे सवाल मत करो मेरे पास कोई जवाब नही मेरी तकलीफ जब तक है पिताजी तुम्हे माफ नही कर देते। तुम अपने परिवार के साथ खुश रहना बस इतना कह भाई चला गया।

मगर आसान नही था जीवन जीना। कभी–कभी एक अनचाहे डर से देह कांपने लगती।

दिल धड़क जाता साँसे तेज हो जाती। वह मई का महीना था। छुट्टियों

के दिन थे कर्नल साहब घर छुट्टियों के लिए आये हुए थे एक शहर में रहना बड़ा दर्दनाक था। पल–पल डर लगा रहता कब पिताजी आ जाए मुझे मारते हुए घर ले जाए।

सुबह जब सोकर उठते एक बार ख्याल मन में घूम जाता। चिलचिलाती धुप भी आसमान में बादलो की तरह घुमड़ती हुई नजर आती। बाहर कुते भोंकते तो मै घबरा जाती। अपने भीतर की चिंता को कर्नल साहब से बचाने की कोशिश करती।

थोड़ी चुप सी रहती लव मेरिज की थी। तुम बुरा मत मानना माँ बोलती गई।
मै हैरान थी आज माँ ने अपने बहुत राज की बात बताई।
कुछ ही देर बाद डोर बेल बज उठी पडोस की दो महिलाए मिलने आ गई।
दरवाजा खोलते हुए मै मुस्कराई और एक लम्बी साँस ली।
उन्होंने हाथ जोड़ते हुए मेरा अभिनन्दन किया।
मै हैरान– परेशान बोली आप कौन इतने माँ बोली ये पीछे गली में रहती है।
मुझे मिलने आई होगी और माँ हंस पड़ी।
मैंने औपचारिकता से पूछ लिया ––– आज ––– तो वह हँसने लगी।
सारा दिन जाने कहाँ चला गया हमने कब खाना खाया पता ही न चला।
उन महिलाओं ने बच्ची पारग्या की बात चलाई। फिर खूब याद आई पारग्या की।

बस इतना कह सकती हुँ पारग्या की याद मेरी देह में जादुई गंध थी यह गंध बात चलते ही देह में फूटती महसूस हो रही थी। सभी बातो में लग गये। चाय का लुत्फ लेने लगे मै पारग्या की याद में खो गई।

मै बीती बातो की बरसती हुई घटनाओं में खो गई।
खुद खो गई दिल खेल रहा था पारग्या की याद में।
दिल से पारग्या टकरा गई जब आहत सुनी धडकनों की।
सर्द हवा में मिली पारग्या वो मखमली अहसास आज भी ताजा है।
पारग्या भले ही बेखबर हो पर मेरी श्वास के साथ चलती उसकी याद है।
मेरी रूह की प्यास बन दिल में महकती रहेगी एक खुबसुरत ख्वाब बनकर।
सर्द हवाए जब भी टकराएगी मुझसे तुम्हारी याद की गर्माहट दे जायेगी।
मै बेबस लाचार पूरी सर्दी सह जाउँगी मेरी जुबां से उफ तक न निकलेगी।

10

जहाँ चित निंदा वहाँ टिके न शान्ति

मैंने एकाध बार मोहल्ले की स्त्रीयो को माँ के बारे में धीमी–धीमी बात करते सूना। सुबह से शाम आंगन में बैठकर लोग एक दुसरे की निंदा में सलग्न देखा है। कितना आसान है दुसरो के बारे में निर्णय लेना। लोग बहुत शीघ्र निर्णय लेते है।

कितनी निर्धन आँखे होती जो फट फैसला कर बैठती है। उन लोगो पर दया आती है। दुसरो के अवगुण गिनने में सम्भालने में लग जाते है। वे अवगुणों के रखवाले मात्र रह जाते है। सभी का चित्त जाने किस दौड़ में है।

मेरा विचार है दुसरो के सम्बन्ध में निर्णय कर लेना जैसा कठिन कार्य और कोई नही। प्रभु के सिवा किसी को हक नही किसी के बारे में निर्णय लेने का। केवल परमात्मा ही अधिकारी है। किसी भी व्यक्ति को जानने के लिए जिस धेर्य की अपेक्षा है वह प्रभु के सिवा किसी में नही। शायद जो लोग एक दुसरे के बहुत नजदीक है वह भी एक दुसरे को नही जानते होगे। मित्रो और रिश्तेदारों के नजदीक रहकर भी कई बार व्यक्ति अपरिचित और अजनबी बने रहते है। कई बार तो जबरदस्ती रिश्ते निभा रहे होते है। लेकिन निर्णय इतनी शीघ्रता से लेते है बिना जांचे ऐसी शीघ्रता अत्यंत कुरूप होती है। सिर्फ अपने सम्बन्ध में विचार नही करता वह तो याद नही होता। यही अज्ञान है ज्ञान तो सदैव धीमी गति से चलता है। ज्ञान बहुत रहस्यपूर्ण और अनंत धेर्य के साथ उपलब्ध होता है। व्यक्ति जल्दी और अविचारपूर्वक निर्णय लेने के

आदि रहते है। बल्कि स्वयं के जीवन को जानने से वंछित रह जाते है। इसी तरह मेरे मन में ख्याल उठते रहते है मै उन्हें लिखती रहती जब मौका मिलता पढ़ती जो आज सब रहस्य जानकार लिखने में मै एक अदभुद आनन्द महसूस कर रही हूँ।

एक तो मेरी समझ यह नही आता क्यों व्यर्थ में समय बर्बाद कर रहे है। मेरे पास प्रभु रस के सिवा कहने को कुछ नही। बेवजह किसी का चेहरा अपने भीतर क्यों लाये। सभी लोग एक साहित्यकार का काम करते है साहित्यकार तो फिर भी बात कहने का एक रस होता है। वह कह कर आनन्दित होता है। कह कर हल्का हो जाता है जैसे उसके सिर पर कोई भारी बोझ पड़ा हो। लेकिन मेरे मन पर किसी प्रकार का कोई बोझ नही और ना ही कहने का कोई आनन्द ले रही हूँ। मै अपने भीतर से कह रही हूँ जैसे यह सब कोई शक्ति मुझसे करवा रही हो।

मेरे भीतर हालत अब तो एक कुएँ जैसी हो गई है बस बर्तन डालो और निकाल लो। भीतर भरा ज्ञान के बारे में बोलना बहुत ही कठिन है। मेरे सामने बहुत बड़ी समस्या है कैसे लोगो के सामने रखु। सीधा–सीधा बोल पाना मेरे लिए कठिन है। मुझे कहने के लिए शब्दों को खोजना पड़ेगा। लोगो ने इसी ज्ञान को व्यर्थ की बातो तले दबा दिया। जिसका ध्यान वहीं भीतर भरेगा। प्रभु का ध्यान करोगे तो पात्रता भरेगी। व्यर्थ की बातो से व्यर्थ बबाल ही भरेगा परमात्मा से दूर करेगा। व्यर्थ ख्याल को रोककर व्यर्थ नर्क की खाई में गिरने से बचना चाहिए। परमात्मा की और जो चल रहे है वहि परमात्मा की और पहुच सकते है। जो परमात्मा के विरोध में चलेगे वो स्वयं का ही नुक्सान उठायेगे।

जन्मो बाद मनुष्य देह में आना हुआ।
किसी भी संगत में अशुद्ध विचार भर व्यर्थ न करे।
एक नारी होने का फर्ज अदा करना हर नारी का दर्द समझ लेनाहै।
भीतर आती जाती स्वांस दस्तक देती है हर पल का।
मिथ्या झूठ कपट के भोग से हो विकर्षण भीतर करे मार्गदर्शन।
समर्पित हो प्रभु को एक बूंद भवसागर के पार कर जाए।

मेरे मन में विचारों का चक्रब्यूह चल ही रहा था सभी चलने के लिए खड़े

हुए। मै भी खड़ी हुई सभी को दरवाजे तक छोड़ा। माँ भी धीरे–धीरे उनके साथ नीचे उतर गई। मुझे हस्ते हुए हाथ हिलाया। आज मैंने उनके चेहरे पर खुशी देखी। टीना अपनी पढ़ाई कर रही थी। मै बालकनी से देख रही थी गली को पार कर मोड़ पर पहुँच कर वह महिलायें भी पलटी मेरी और मुस्कराते हुए देखा। जवाब में मै भी मुस्कराई फिर वह अदृश्य हो गई। सच इन दिनों जो भी हुआ एक दुर्लभ स्वप्न जैसा महसूस हुआ।

मैंने जाना सारे रिश्ते बंधन के है बंधन हमे बाँधता है। टीना की पढ़ते–पढ़ते आँख लग गई थी। कम्बल ओढ़ कर सो गई थी। रात के नो (9) बज गये थे। मेरी आहट से जग गई मेरी और देखा आ गये आप। उसे लगा शायद में नीचे तक माँ को छोड़ कर आई हूँ। मै कुछ बोलती वह बिस्तर से उठी मेरे पास आई बड़े लाड से बोली आप ठीक हो ना। मैंने उसे गले लगा कर प्यार किया हाँ मै ठीक हूँ। उस वक्त का अहसास लिखना असम्भव है। टीना ने मुझे खाना खिलाया मै बहुत थकी थी सो गई। उसके बाद सारी रात स्वप्न देखती रही।

स्वप्न में ऐसा प्रतीत हो रहा था जैसे कोई मेरा हाथ पकड़ कर घसीट रहा। पहाड़ो की तरफ उडाये ले जा रहा हो। मेरे पैर बार–बार पत्थर से टकराए जा रहे थे। किसी ने मुझे पहाड़ से पटका हो मै मूर्छित हो गई। यह देख निराशामय फिर जाने कैसे संतोष से सो गई। हृदय मसोस रहा था नींद में सपने का सेतु टूटता नजर आया। मन स्वप्न के प्रबल प्रवाह में बहता नजर आया। अभिप्राय अभी भी समझ नही पाई। वह दृश्य अजीब से याद आने पर हृदय काँप उठता है। ऐसा प्रतीत हुआ मानो जमीन रुक गई हो। आसमान चक्कर लगा रहा हो। संसार में कोई आपति आने वाली हो। पृथ्वी क्रोध में नजर आई। करुणा और भय से मेरी आँखे भर आई हो। कैसा अधर्म होने वाला पाप का भागी कौन होगा? स्वप्न में ही मैंने सच्चे हृदय से गगन–मंडल की और हाथ उठाकर कहा ––––– प्रभु सब पर दया करो ये कैसा अधर्म है सब समाप्त हो जायेगा। सत्यानाश हो जाएगा। जाने कैसी स्वार्थ परता अन्याय अधर्म का प्रत्यक्ष रूप दिख रहा है।

सोचने लगी फिर दिखाई दिया एक वृद्धा ने अस्तित्व के भंडार का द्वार खोला और दीया जलाया। आधी रात जा चुकी थी। आकाश में तारो की चादर बिछी हुई थी। देवगण स्वर्गीय पदार्थ सजाते प्रतीत हो रहे थे। उनको देख परमा आनन्द की अनुभूति हो रही थी। मै गहरी निंद्रा में इस स्वर्गीय दृश्य

का आनन्द ले रही थी। बहुत से व्यक्ति दिखाई पढ़ रहे है मै उन्हें कह रही हूँ परमात्मा से प्रार्थना करो जो भूल हो गई शमा याचना करो और उनके एक–एक रोये से सच्ची सदिच्छाए निकल रही थी। मैं भी प्रार्थना कर रही हु। मन में उस स्वर्गीय दृश्य का आनन्द लेने में मग्न थी।

धर्म का नाता अटल विश्वास के साथ हो यही मूलमंत्र नजर आया। उसी समय चोक कर उठी। रसोई घर में गई पानी पीया कानो में कुछ व्यक्तियों की आवाजे पड़ी इतनी रात में ये कैसी आवाजे मैंने खिड़की से झाँका तो नीचे व्यक्तियों का जमावड़ा था। इतनी रात पेड़ के नीचे कैसी पंचायत लगी है। मैं भागकर बालकनी में आई। उनकी बाते सुनने लगी। समय वैसे तो रात तिन (3) बज रहे थे। परन्तु स्त्रियों का समूह देखकर मेरी हिम्मत हो गई। मै कुछ देर तो बॉलकनी में सुनती रही लेकिन फिर नीचे जा स्त्रियों में पूरी बात का पता लगा।

क्या बताऊ? जिन्दगी में उन दिनों ––– कैसे ––– हादसों का दौर चल रहा था।

सुनने में आया फिर किसी लड़की का यौवन कुम्भलाया।

आंगन में कैसा आंतक छाया था। फिर एक जिन्दगी झुलस गई।

एक लडकी भोली–भाली यौवन चड़ते ही बेखबर हो सुनहरे सपने बुनने लगती है। जिसकी कोई कल्पना नही की जा सकती जिसके साथ तमाम उम्र निकालने वाली है वो ही भूखे भेड़िये की तरह उसके शरीर पर टूटने वाला है। पहली रात ही जिन्दगी बदलने वाली है। सुनने में आया उस लडकी ने अपने घर कई बार बताने की कोशिश की। लेकिन किसी ने उसको समझने की कोशिश नही की। उसकी भावनाओं की कद्र करने वाला कोई नही मिला। वह टूट कर बिखर चुकी थी इसी कारण इतने बड़े हादसे का शिकार हो गई।

शोक जनक घटना थी मृत्यु ने काम तमाम कर दिया।

पहली बार पति के संग ने सारे सपनों को तोड़ कर हकीकत के धरातल पर ला पटका।

एक लडकी कच्ची उम्र में क्या–क्या ख्वाब बुनती होगी। ना प्यार का मौका मिला नाही शिकायत का मौका मिला। अचानक ही पति की सेंध में मारी जाती है। जाहिर सी बात है किसको कहती कौन उसकी कोमल कोपल सी जवानी को बचा पाता। एक अबला की जिंदगी की हकीकत बदलने की

हिम्मत कौन करता।

लेकिन मैंने जो हकीकत सुनी मैं स्वयं हैरान थी क्या लिखूँ क्या न लिखूँ इसी दुविधा में किस प्रकार सभी के सामने उस दर्दनाक हादसे को रखुँ। कुछ समझ नही आ रहा। किस–किस रूप में जल्लाद छिपे पड़े है। एक युवा के सामने किस प्रकार के हालात पैदा हो जाते है। अकेली कब तक हालातों का सामना करती अपनी जान देना बेहतर समझा।

उम्र की दहलीज पर पहला कदम ही रखा जाने कौन सी कल्पनाये सजोंये दुनिया छोड़ गई। जीवन को छोड़ मृत्यु में कूद गई। जवानी की कोपल खिलने से पहले ही मुरझा गई। उसके भीतर दुबल विचार प्रवेश कर गये परिणाम स्वमं का जीवन समाप्त कर गई।

जवानी और मौत को दो अल्फाजो में सिमटी हुई कहानी किस तरह सामने रखुँ। पूरी कहानी दर्द से भरी उस समय को क्या शब्दों में बाँध पाउगी। यह अज्ञानी जीव माता के गर्भ से मल मूत्र से लत–पथ बाहर निकलता है। माता के गर्भ में नो (9) माह का कष्टमय जीवन बिताया इतनी शीघ्रता से भूल जाता है। हजार प्रेरणा दो पर विषय–वासना से भरा शरीर स्वयं को तो जलाता है साथ ही दुसरे की जिन्दगी बर्बाद करता है। अपने विषय भोगो का भीतरी रूप समझ नही पाता। जो इस प्रकार दुःख प्रद कार्य करते है। उन लोगो को सच्चा सुख कदापि नही मिल सकता। यदि बबूल बोयेगा तो आम कैसे मिलेगे? अपने ही कर्मो में बंध कर खुद का सर्वनाश कर लेते है।

मेरे मन में विचार चल रहे थे और उन स्त्रियों की बात भी सुन रही थी।

उनमे एक स्त्री जो उसकी बड़ी बहन थी। शोक जनक घटना के बारे में संक्षिप्त में वही बता रही थी समस्त स्त्रियाँ एक और खड़ी उनकी बात सुन रही थी। बाकि महिलाये तो यही बोल रही थी भाग्य का लिखा कौन मीटा सकता है।

लेकिन बहन ने बताया घर की सारी रश्मों के बाद उसका पति उसे सुहागरात के लिए किसी फार्म हाउस में ले गया। उसने एक दो बार फोन किया कुछ कहना चाहती थी। मै अपने कामो में उलझी थी इतनी व्यस्त थी। उसकी बात सुन कर समझ नही पाई। क्या कहना चाह रही थी। बस इतना कहा तुम आराम करो। बहुत थकी हुई लग रही हो।

कभी खवाब में भी नही सोचा था इस तरह का हादसा हो जाएगा। घर

में अभी काफी मेंहमान थे। हम सभी विदाई के बाद घर समेटने में लगे थे। अभी तो रिश्तेदार भी विदा नही हुए मुझे भी आज दिल्ली से कानपुर निकलना था। एक रात ही बीती थी। शादी से अगले दिन शाम पांच (5) बजे यह खबर भी मिल गई।

सुनने में आया पति का घर छोटा था। इसलिए फार्म हाउस ले गया। वह उसके दोस्त का सुंदर बंगला बना हुआ था। अब किसी के मन में क्या चल रहा क्या कह सकते है।

काश मै उसकी सिसकती दरकी सी आवाज उसी समय समझ पाती। वह कुछ कहना चाहती थी। खुश नहीं थी आवाज में दर्द सा महसूस तो हुआ। यही सोच कर चुप रह गई। यह तो बात करने से पता चला लेकिन हमने सोचा थकावट के कारण होगा।

उसके हाथ का लिखा हुआ खत मिला। उसमे लिखा हुआ था वह बहशी बहुत घिनोने तरीके से पेश आया। उसने उस रात मुझसे कोई बात नहीं की और नही किसी तरह का प्रेम जताया। किसी प्रकार का कोई परिचय नही। सामान्य तौर पर दो अनजान व्यक्ति एक कमरे में प्रवेश हो गये। प्रवेश करते ही कमरे में गहरा अन्धेरा छा गया। जबरदस्ती मेरे कपड़े उतारे। मुझे बिस्तर पर बुरी तरह लिटाया।

जबरन शरीरिक रिश्ता कायम करना मेरे लिए सबसे ज्यादा दुःख दाई था। मुझे भीतरी महसूस हो रहा था जैसे कोई हमारे उपर नजरे गड़ाए हुए भी था। पहली रात एक ब्याहता जाने किसके समक्ष खड़ी है। कुछ अजीब सा महसूस हो रहा था। मेरे साथ जो घृणित पीड़ादाई काण्ड हुआ उसका ब्यान करना बहुत कठिन है। वह इतना हिंसक हो उठा मेरे सीने को बड़ी जोर से दबाता और मारता रहा। मेरे मुह से सिसकियाँ निकलती तो मुहँ भींच लेता। मुझे और जोर से दबाता मारता। मेरे सिर के बाल पुरे खोल दिए उन्हें बुरी तरह खिंचता रहा। मै इस हिंसक उन्माद से बचने की पूरी कोशिश करती रही।

एक दो बार कपड़े उठाकर भागने की कोशिश की लेकिन मेरे कपड़ो को मेरे सामने से हटा दिया। मुझे और जोर से बिस्तर पर पटका। मुझे भीतरी बहुत चोट आई। इस तरह सारी रात दर्द से तार–तार रोती रही। इस तरह बेहद घिनोने तरीके से शरीर के साथ छेड़छाड़ करना। वक्षो को भयानक व् कुत्सित तरीके से खीचना छेड़छाड़ करने में वह आदिम सुख महसूस कर रहा

था। मै पूरी रात एक असहनीय पीड़ा से कलपती रही। एक विजयी बलात्कारी की तरह मुझ पर बार–बार वार करता रहा। मै असहाय पूरी तरह उसकी गिरफत में गोशत की तरह पड़ी थी। वह मुझे नोच–नोच कर खाता रहा। मै मानसिक और शारीरिक तौर से हार चुकी हुँ। पूरी रात केवल वासना पूर्ति करता रहा मैंने मना किया तो मुझसे मार पीट करता रहा। पहली रात की यह दरिंदगी मै शायद ही किसी को बता पाउँगी। मै भीतर ही भीतर घुटकर जीना नही चाहती। मेरा दुःख शायद कोई न समझ पाए। मै भाई बहन माँ बाप किसी पर बोझ नही बनना चाहती।

मै एक भूखे भेड़िये से जान छुटाना चाहती हूँ। मुझे मृत्यु के अतिरिक्त कोई दुसरा रास्ता नजर नही आया। एक रात में मेरा शरीर बुरी तरह टूट कर जर्र–जर्र हो गया। मै अपने घायल शरीर के घाव देख नही पा रही यह असहनीय तडफ मै नही सह सकती। मै अपनी तमाम उम्र उलझनों के साथ सुलगते हुए जीना नही चाहती। मै मानसिक अवसाद से घिरी अपना अंतिम दिन तय कर रही हूँ।

आयशा

11

कहानी

कैसी छिड़ी दास्ताँ आंगन में थी
मै आँखों में नमी लिए अँधेरी रात में सुनती रही
यादो की हवा जब भी आती है कभी रुला जाती है
कितना हसना चाहू नींद में भी जवाब ढूढती हुँ
किसी की जिन्दगी का सवाल अंगडाई लिए उठता हुँ
जगा जाता है जाने कौन सी मुकम्मल कहानी नींद में भी होती है
नींद में भी मचल रही थी एक कहानी मुकम्मल होने को
सुनी जिन्दगी के तार तोड़ गई एक कहानी थी
छलक आये आसू मेरे कहानी बड़ी दर्दनाक थी
सीने में दफन कर तमाम उम्र के सारे सपने
जाने कौन से संदेश दे अनजाने देश चली गई
चलती फिरती लाडली किसी मजार भाँती सो गई
सिर झुका सुनती रही दासता उसकी जिन्दगी की
पूरा ना किया जीवन अधुरा ही ले चली गई दुनिया से
काश की कोई सम्भाल पाता दर्द एक नार का
किस कदर लिख गई जिन्दगी का आखरी पन्ना
गुफत गु न की किसी से हवस का शिकार हुई
भीतरी मंजर में डूब खंजर चलाया मौत का शिकार हुई
आँखों में नमी लिए जमीन पर गिरी मौत का खंजर ले

कौन सुनता कहानी जबानी लिख गई दर्द अपना कलम ले
समेट कर दर्द अगर जी जाती मुँह तोड़ जवाब देती
रूह उसकी भी काँप जाती अधूरे किस्से को पूरा कर जाती
अगर किसी के भी दर्द का पर्दा मत खोलो
जालिम आसु रुला जाते है शरीर की जड़ो तक को हिला जाते है

इस प्रकार जाने अनजाने कई प्रकार के सवाल मेरे दिमाग में अक्सर उठते रहते थे। क्यों नही लोग जीवन को गहराई से लेते। जबकि भगवान् ईसा ने भी बाइबल में कहा है। तुम इस शरीर को मार सकते हो आत्मा को नही मार सकते। आत्मा को सभी गुरुओ ने अजर अमर अनादी अविनाशी सभी प्रकार की अंतर वृतियो से उपर कहा है। जो सदैव अपना यौवन लिए रहती है कभी बूढी नही होती। आज आत्म तत्व को साध्वी माँ की कृपा से जानकार मै भी कह सकती हु आत्मा हमारे भीतर आजादी को तड़फती है। मैने भीतरी घुटन को कई बार महसूस किया। जैसे ही आत्मा को शान्ति का एक मार्ग मिला तो अपने भीतर अदभुद शान्ति महसूस की।

आज मै भीतरी शक्ल और आवाजो की बात करू तो सम्भव नही है। भीतर में दबे डर छिपा हुआ भय बाहर नही निकाला जाये तो सारी जिन्दगी उसी तरह गुजर जायेगी। कुछ हाथ नही आयेगा। हां आज अनुभव से कह सकती हु। पिछले संस्कारो में भारी वजन हो दिव्य गुरु से सम्बन्ध बंधते है। आत्मा को आजाद करने का उपाय वहि बता सकता है। मन भीतर ही भीतर इंद्रियों को खीचकर एक और चलने लगता है। यह सब अपने भीतर जानने का मामला है महसूस करने का मामला है। भीतरी प्रभु का स्पर्श और आनन्द लेने का मामला है। स्वाद का मामला है यहाँ भोग और काम का मामला नही है।

मनुष्य की मौत कई प्रकार की आती है। जैसे जमीर की मौत दुसरा मन की मानसिक यानी अहम की मौत तीसरी शरीरिक मौत।

जमीर की मौत में मनुष्य अपनी मनुष्यता को मार देता है हिंसक हो जाता पशु वृत्ति का पैदा होना जीते जी पशु कैसा जीवन जीना, यही है। अपना लाभ देखना दुसरे को कितना ही नुक्सान क्यों न हो। जमीर का मर

जाना।

मन की मासिक मौत

जीवन है तो अंत शारीरिक मौत सबको आएगी। यह तय है आगे पीछे हो सकती है। लेकिन टल किसी की नही सकती। एक दिन शरीर सभी को छोड़ना है। स्वमं मौत को चुनना गलत तरीका है। अपनी श्वास की गति को स्वयं बन्द करना सृष्टि के विरुद्ध है। ऐसा हट योग कदापि न करे। ऐसी अवस्था में लोग अपना शरीर भूल जाते है।

दुर्बल और शक्तिहीन विचारों के कारण मोत को स्वीकार कर गई। ऐसी हालत में इस तरह के विचार ही चलेगे और ऋणात्मक विचारों का परिणाम उसके शरीर का नाश और हानि कर गया। जरा सोचिये जो व्यक्ति सदा कष्ट वा कठिनाइयो की बात करेगा उसके भीतर हिन् भावना भरेगी। इस प्रकार के विचार उसका नाश ही करेगे। ध्वंसात्मक विचारों के वातावरण में कभी भी रचानात्मक सिद्धांत नही पनप सकते। मनुष्य विश्वास के साथ ही अपनी शक्तियों का सृजनात्मक रूप देख सकता है।

सिकन्दर दुसरे किसी देश में आक्रमण के लिए आधी रात को निकला। जाते हुए रास्ते में एक महिला मिली उसने उस महिला से कहा वह मेरे लिए प्रभु से प्रार्थना करे महिला बहुत थकी थी उसने सिकन्दर को टालते हुए कहा आज वह प्रार्थना नही कर सकती। अब पूजा का कोई मुहर्त नही। ऐसे व्यक्ति की कार्य क्षमता को जानते है वह कभी हिचकिचाते नही। अपनी योग्यता पर कभी संदेह नही करते। उस स्त्री ने बहुत टाल मटोल की लेकिन सिकन्दर माना नही।

अंत में सिकन्दर के बार–बार आग्रह करने पर बगैर मन्दिर जाए बोली। तुम जो कार्य भी करना चाहते हो निशचिंत होकर जाओ आओगे तुम्हारा दृढ विश्वास ही तुम्हे सफल बनाएगा। तुम्हे कभी हार का मुँह नही देखना होगा। तुम्हे कोई जीत नही कर सकेगा। यह विश्वास के साथ दिया आशीर्वाद काम कर गया। सशक्त विचार सदैव पूर्णतया की स्थिति में लाते है।

जीवन में संदेह करना अयोग्यता की निशानी है। जीवन में व्यस्त होने के बाद जाँच पड़ताल करते रहे। अयोग्यता को स्वीकारना ही संदेह है। वह मन को और दुबल बनाता है।

दुर्बल शक्ति से ग्रसित व्यक्ति उच्चा उठने की आकांशा नही रह जाती।

सारा खेल भीतर पनप रहे विचारों का है। जो निराशा और कष्टदाई स्थति में जी रहा हो। वह व्यक्ति सफल नही हो पाता। नाकारात्मक विचार स्वयं का ही गला घोट देते है। निराशा से घिरा उसकी और आशा कैसे आकर्षित हो सकती है। कष्ट और कठिनाई में पड़ा व्यक्ति स्वमं अपने पैरो पर कुल्हाड़ी मारता है। इस प्रकार के बाधक विचार उसको स्वयं नष्ट कर देते है। क्योकि साधक सकारात्मक विचारों के अभाव में आशा कैसे आकर्षित हो सकती है। सारे प्रयत्न असफलता की और चलने लगते है जो सफल नही होने देते।

अपना दृष्टि कोण जीवन के प्रति स्वस्थ वा सुंदर रखना चाहिए। तभी निराशा रूपी अन्धकार से बाहर निकला जा सकता है। स्वयं की विचार धारा का प्रवाह सकारात्मक होगा। आत्म विश्वास का आगमन भी तभी होगा। अन्धकार से प्रकाश की और प्रस्थान कर पायेगे।

मन से भय की भावना को मिटाना होगा। मन की कायरता को भगाना होगा। अपने मन से दुःख रूपी विषेले पदार्थ से बाहर लाना होगा। निराशा रूपी अन्धकार छटेगा तभी प्रकाश रूपी विजय की और बड़ पायेगे। अपने भीतर की कमजोरी को वंश में करिये शक्ति में परिवर्तित करिये। यह सामर्थ्य स्वयं को जुटानी होगी।

वातावरण के भीतर जहाँ हम खड़े होते है। सृष्टि का कण–कण हमे सफलता का संदेश दे रहे है। सम्पूर्ण अस्तित्व से यही संकेत मिल रहे है। मन में सुबह–सुबह यह अपनी उपलबधियो का मनन करे। स्वयं के आचार विचार वेश भूषा से भी सफलता झलकनी चाहिए। अपने रास्ते से निराश होकर कभी हटना नही चाहिए। लक्ष्य के प्रति सदैव सजग रहना चाहिए। अपने पर भरोसा रख रख कर कमजोर विचारो से बाहर निकल आना चाहिए। वर्ना कमजोर विचार ही मृत्यु की और घसीट ले जाते है।

मै पिछले दिनों की घटनाओं की गहराई में इतना डूबी रही और जिन्दगी क्या है? बस सोचती रही कई दिनों तक निचे उतरना तक बन्द हो गया। मेरी प्रवृति खोजी जैसी बन गई। संसार से क्या मिला? क्या मिल सकता है। जो हम कर्म करते है वह हासिल होगा। इच्छा अनुसार धरती पर तो सब मौजूद है। लेकिन मैने देखा जो हम चाहते है वह कभी नही होता। हां कर्म कर सकते सृष्टि में सब मौजूद है किसी न किसी रूप में सामने अवश्य आता है। आज तो ऐसा लगता है कर्मो के विरुद्ध सब चल रहा है। दुर्जन व्यक्ति फल रहा है। प्रकृति में चमत्कार तो है लगता है कर्महीन के लिए सब

है। जो षड़्यंत्र रचता है वहरं कामयाब होता है।

सब प्राप्त कर लेता है। विरोधी किस तरह खुश रहते है। पर देखने वाली बात यह है कब तक? यह बात सोचकर कई दिन हुए माँ से बात हुए। सामने माँ का ख्याल बार–बार जहन में आता है। सोच–सोच कर हैरान हुँ। उनके बेटे ने उनकी बात तक नही सुनी माँ बेटी ने किस तरह षड्यंत्र रचा। वो कामयाब हो गई माँ अकेली हो गई। उन्होंने बताया था उधर शादी वाले दिन उसकी माँ खाली लिफाफे देकर षड्यंत्र रच रही थी इधर बेटी ने पहली रात सारे जेवर उतार कर बेड पर फेक कर मारे। अपनी माँ को फोन करने चली तब माँ के पति ने उसके आगे हाथ जोड़े पैर पकड़े और कहा अगर फोन किया तो मेरी लाश देखोगी। तब वह लड़की मानी सच में कैसे–कैसे किस्से सामने आये। ऐसे लगा जैसे एक खिलते फुल को तोड़ लिया हो।

जिस माली ने पेड़ लगाया सालों जिसने पाला उसको तोड़ने में पल भी न लगाया। दुनिया में हर किस्म के लोग है मै तो ऐसा सोचती हुँ ऐसे लोगो से दूर हो जाना ही बढिया। कभी–कभी मै अपनी ही सोच में इन बातो को घूमते हुए देखकर स्तब्ध रह जाती हु। शायद लगता है अभी वक्त नही आया प्रकृति भी सभी को एक मौका देना चाहती है। लोग भीतरी कैसे–कैसे आक्रमण करते है। पता भी नही चलने देते।

मै लगातार दर्दनाक घटनाओं के बारे में सुनती रही भीतर से ठहर सी गई। मेरा बाहरी सारा आकर्षण समाप्त हो रहा था। किसी से बात करने को मन नही हुआ। मैंने कई बार बालकनी में माँ को झाँक कर देखा माँ बाहर नजर नही आई। मुझे लगा कही उदास तो नही है। मिलना चाहिए बाहर झाँकर देखा ठंडी हवा चल रही थी। फिर से बिस्तर में बैठ गई बिस्तर छोड़ने को मन नही हो रहा था। लेकिन मस्तिष्क में कुछ तनाव पैदा होने लगा। चिंता सी होने लगी। थोड़ी ही देर में टीना आ गई। मेरा शरीर कुछ थिथिल सा पडने लगा। इसमें कोई शक नही जीवन बहुत कठोर है। लेकिन विश्वास और आशा की किरण एक दिन सारी चिंताओं को भस्म कर देगी। माँ से एक बात सीखी विचार शक्ति प्रबल रखनी चाहिए।

टीना और मैने चाय पी मै नीचे उतर गई।

मै विचारों के साथ शीघ्रता से निचे उतर गई।

टीना बोलती रह गई मुझे कुछ जवाब न सुझा ख्यालो में चलती रही।

माँ के दरवाजे पर पहुँच ही श्वास ली दरवाजे को खट–खटाया। भीतर से आती माँ की आवाज सुनी करहाते हुए उठी। आँखों में आँसू थे प्रत्यक्ष दिखाई दे रहे थे। मगर माँ छिपाए हुए थी। शोक और विहल दिखाई दी। अपने मनोबल को दबाए हुए दिखी। लग रहा था जैसे निष्ठुर बनकर मोह बन्धनों को तोड़ देना चाहती हो। जैसे ही मै अंदर गई मुझे गले से लगाकर सजल शब्दों में कहा कभी–कभी मिलती रहा करो। पैने शब्दों से हृदय की खाई को खोद देना चाहती हो।

साफ दिखा मोह और शोक के वृथा आक्रमण से बचना चाहती हो। नैन छलकने लगे कांपते होटो से बोलने लगी। मुझे लगा जैसे डूबती नाव है आखरी पल में कुछ कहना चाह रही हो। स्वमं ही बोली मै चार–पांच महीनों की महमान हु। उनके दर्द भरे शब्द फोड़े की तरह आज भी हृदय में टिस रहे है। अपने आप ही बोली मै किसी को गालिया नही देती। उनका किया उनके सामने आयेगा। उदास हो बोली मेरा क्या कसूर था जो प्रभु ने मुझे अकेले कर दिया।

मै जोर से गले से लिपटकर मुस्कराई आपको कुछ नही होगा। उनका पुत्र प्रेम आँखों से झलक रहा था। फिर बोली ठण्ड खूब पड़ रही है। मै बोली हां माँ आज तो आकाश तो आकाश कुहरे की धुंध से मटियाला हो रहा है। ऐसा लग रहा है सूर्य रास्ता टटोलता हुआ दिखाई पड़ रहा है। कभी सामने आता है कभी जाने कहा छिप जाता है। सूर्य भी धुंध में रास्ता खोजता नजर आया। कहा चला जाता है। दिन कब ढल जाता है पता ही नही चलता। कई दिन गुजर गये बाहर पेड़ के नीचे बैठे। देखते–देखते सूर्य अस्त हो जाता है। अन्धेरा लगता है मुह खोले रौशनी को निगलने को तैयार खड़ा है।

गहराई से दोनों बात करते रहे। फिर बैठ गये प्रसन्न मुख से बोली तुम्हारे दर्शन भी दुर्लभ हो गये। माँ अपने से बोली मै रूढ़ी और मर्यादाओ का दास नही बनना चाहती थी। वर्ना सघर्ष में मेरा जीवन समाप्त हो जाएगा। प्रभु ने मेरे जीवन में आनन्द और प्रकाश का संचार कर दिया।

भीतर नेत्रों मे देखकर प्रभु का रूप अनेक एक हो गये ।।
बाहरी रूप कही खो गये राम–कृष्ण सब मिल गये ।।

मेरे घर में नही वो तो मन मन्दिर में मिल गये ।।
अब क्या करना पूजा–पाठ कर्मकांड सब यहीं रह गये ।।
सजल नेत्र भीतर ही भीतर खुलने लगे दृश्य सब दिखने लगे ।।
स्मृतियाँ दबी हृदय में सुलगती खुलने लगी स्वप्न सी दिखने लगी ।।
प्रभु स्नेह का प्रसाद भीतर झरने लगा रमणीक पहाड़ी सा हृदय लगने लगा ।।
ये कौनसा अहसास श्रद्धा विश्वास के साथ विराजमान है मुझमें ।।
आनन्द रूपी रस झलकने लगा है कौनसा भाव उमड़ने लगा है ।।

माँ यह कविता सुनाकर मुस्कराने लगी। मैं बड़ी हैरत से माँ को देखती रही। माँ को भी तत्व ज्ञान है। प्रभु की प्राप्ति के बाद माँ किसका आश्रय देखती उन्हें जीवन का सच्चा आश्रय मिल गया था। प्रभु प्रदेश का ठिकाना मिल गया। मै कई बार सोचती माँ इतनी सरलता, सहदयता, प्रेम और संतोष से मुगध क्यों दिखती है।

आज माँ से बात–बातो में पोती के बारे में पूछा। कई बार उन्होंने अपनी पोती का जिक्र किया। बात सुनते ही माँ शांत दिखाई दी कुछ बोलती आँखों से आसू रिस आये आवाज भी बहुत दर्द भरी निकली, बोली हेमा कई दिन बाद मन अच्छा हुआ था। बेटा क्या बात छेड़ दी। हां पोती हुई हमें कोई खबर नही की बहु की माँ ही उन्ही के पास थी। दुसरो से पता चला चलो किसी तरह सब्र किया। वो खाली थी पति की छोड़ी हुई स्त्री। समय इन्ही सब बातो में बिताया। मैने देखा है इस तरह की महिलाये कभी अच्छा नही कर सकती। बहुत चालबाज महिलाये होती है। क्योकि जिन्दगी इन्ही षड्यंत्रों में गुजारी है। कई बार सोचती हु मौत से जरा भी नही डरती। प्रभु का कोई डर नही। उसने धमकी दी बेटे से दूर कर दुगी वह भी कर दिया। खाली लिफाफे शादी में दे अपने षड्यंत्र में कामयाब होती जा रही थी।

शायद बेटे को आज तक नही पता चला उसने हमारी कितनी बेसती की। हमने मुँह बन्द कर लिया हम लोग शान्ति से रहना चाहते थे। दो दिन बाद पोती का नाम धृति दिया गया। हालाकि परिवार में कई लडकिया थी। किसी बुआ से बात नही की स्वमं ही नाम दे दिया। मैने भी सबको बोल दिया था अब मेरे अंत समय उनके यानी बेटे बहु के हाथ भी न लगवाये। मेरे घर की देवरानिया या मेरी बहने नहलाये। मुझे श्मशान घाट की गाडी में घाट

पर पहुचा आये। अब बेटा आप जैसे लोग ही बुढापे का सहारा है।

एक इज्जतदार स्त्री होने के नाते अपने पति के वचनों को मानकर चुप रहना सही समझा। मै सब दर्द भीतर में समाये प्रभु में लीन रहने लगी। इसलिए आपने मुझे किसी से बात करते नही देखा। दुसरे की क्या सुनों अपने भीतर ही दुनिया भर की कहानी भरी पड़ी है। मै बीच में बोल पड़ी यह सही कहा माँ लोग अपने आप को भूल कर दुसरो में आनन्द लेते है। करे बेटे पर राज उसमे लीडरशिप की भावना है। हम अपने आनन्द में और आजाद रहना पसंद किया। अब बेटे की अपनी जिन्दगी है अपनी समस्याये है हम क्यों उसकी समस्या बने। ना खत्म होने वाली समस्या रखना व्यर्थ है।

हां कभी–कभी बेटे के लिए ढेर प्यार मन में उमड़ आता है। मैने तुमको इतना प्यार दिया पल में सब भुला दिया। बेटा एक स्त्री को देखते ही माँ को भुला दुश्मन बना दिया। मै बहुत नादान थी रस्ता भी भूल जाती थी। तुमको संग में रखती थी कही गलत गली में ना चली जाऊ। रस्ता तुम बतलाते थे वो तो दिन जवानी के थे। आज बुढापे में सब भूल गये कैसे मेरी माँ जियेगी। एक ही जगह पड़ी रहेगी। मैने तुमको इतना प्यार दिया पल में सब भुला दिया। हद कर दी दूर रहने की एक बार भी माँ की याद न आई।

माँ बाप के साथ इतनी उदंडता (Perversion) भी अच्छी नही। अपने परिवार की खुशी खातिर यह बर्ताव अच्छा नही। जिन्दगी की कुछ खास बाते थी जो तुमसे ही हल किया करती थी। पल–पल का ख्याल तुमहारा रखती थी। इतने मन्त्र जपे कीर्तन किये तुम्हारी खातिर पल में भूल गये। माँ को कहते पल न लगा तुम मुझ पर टोने करती थी। याद कर वो दिन जब तेरा IIM का रिजल्ट आना था। कैसे माँ के चरणों में पड़ा था। वाह बेटा सब मेरी भूल थी। मै कौनसे भ्रम में जी रही थी। सारे भ्रम पल में तोड़े दो हजार भी माँ को देने भारी हुए।

बात करते नही थकते थे। अब जवाब के भी काबिल नही। मुझे याद है अभी भी वो लड़ कर मोटरसाइकल लेना। कालेज से छुप कर वृन्दावन जाना। झट पकड़ा एन वक्त पर जाकर। वो झूट बोलना वो चोरी से घूमना सब याद है। मेरा डर भी इतना था एक प्लेट का टूटना उसको वर्षो ब्रीफकेस में सम्भाल कर रखना। इतना ही डर रख लेता मेरा प्यार ना समझ में आया। कल आई दूसरी माँ आज इतनी प्यारी पल में हो गई। देखना मुझे भी है वर्षो के दुलार पर कैसे भारी पड़ा कल का प्रेम। अब तक लड़ी नही थी कोई

लड़ाई। शादी के होते ही छिड़ी जबरदस्त लड़ाई। अब मरने पर ही खत्म होगी। मैने तुमको प्यार दिया पल में भुला दिया। इतना कहना माँ का था उनकी वो दर्द भरी आवाज में कैसे आपको सुनाऊ।

बेटे पर कुछ पंक्तियाँ सुनाई वो सब लिख रही हुँ।
बेटा
सच में ये गम की सरगम सहे जाती हुँ
आज सोचती हु तेरा मुँह देखने के बाद
मेरी याद दास्त चली जाती ये भी कुदरती है क्या?
तेरी याद के सहारे तू ख्यालो में अक्सर चला आता है
फिर गम का दरिया इस दिल में बहाये जाता है
खुश हु फिर भी कांटो जैसी यादो के सहारे जी लूंगी
एक नये रिश्ते ने पुराना रिश्ता तोड़ दिया
तेरी निगाहों में चढ़ गया कोई मेरी से निगाहों उतर गया
कौन कहता है? तू वैसा ही है शक्ल के साथ सीरत भी बदला है
जाते–जाते कुछ अनकही बाते सुनते जाता बहुत भारी गम दिए गया
जाते–जाते भी भारी किये गया अब कोई गम नही चाहिए सारा झगड़ा समाप्त चाहिए

मै भी कुछ पल खामोश सी हो गई। टीना एकाएक आई और पारग्या की बात छेड़ दी हम उसकी बातो में लग गये जाने कैसी होगी मन लगा के नही। कुछ देर बाद मै भी चलने लगी माँ ने इतने अपनेपन से हाथ पकड़ा। यह माँ का दुलार ही था। फिर उन्होंने खाने के लिए कुछ मीठा मगवाया। चलो आज तुमने मेरी पोती की बात छेड़ी है मीठा खाओ। इस खामोश हवेली में रोंनक आ गई। डूबता सूर्य की किरने हवेली में पड़ रही थी।

आज अपनो की चोट से घायल मन लिए उदास हो चली थी ।। अपनी परछाई से डरने लगी थी। कितनी आसानी से खुन के रिश्तो में खलल डाल सकता है कोई ।। मै उन्हें भी पहचानने लगी थी ।। बस यह पुरानी यादो की गठरी कभी–कभी सताती है ।। जाने कौनसा दावा किये हाजिर तन पर रहती है ।। खामोशी का लिबास पहन जीना सिख लिया था ।। फिर भी

यादो में ये शब्द आकर क्यूँ तन को नोचने लगते है ।। जैसे इस घर में कुछ छुट गया उनका किस उधेड़बुन में दिखती है ये यादे ।। मेरे आसपास भटकती है ये यादे। क्यों अधूरी सी दिखती है ये यादे ।।

हेमा आजकल मै बेहद अकेली और उदास रहती थी। बस सिर झुकाए आंगन में प्रार्थना करती रहती थी। इन दिनों श्वास भी कुछ उखड़ रही थी। दिल की मरीज सी दिखने लगी थी। इधर घुटनों में दर्द होने लगा था। इसलिए मुझे लगा बजाय बाप बेटे को याद करने से प्रार्थना करना बेहतर है।

इसलिए थोड़ा मन एकाग्र किया शान्ति और आनन्द की लहर ने घेर लिया। साथ ही जिन्दगी की समस्याओं के उत्तर ने मेरा विश्वास और दृढ़ बना दिया। मै जानती थी मै गलत नही हु। मैने एक महीने तक पुत्र को याद कर खूब रोती और एक पत्र लिखती। जब भी उन पत्रों को पढ़ती अपने को कमजोर महसूस करती।

एक दिन मै एक–एक पत्र पढ़ती गई जलाती गई। मेरे अंदर शक्ति का संचार होने लगा। मैने सोचा आज के बाद मै याद नही करुगी। याद की दलदल से बाहर निकल आई। फिर भी कभी–कभी ऐसी धमाके से याद आती है सीना चिर के चली जाती है। एक बार अचानक घर का गेट खुला रह गया पड़ोस से एक बच्ची धीरे–धीरे मेरे कमरे में आ खड़ी हुई मुझे रोते देख लिया। बोली माँ आप इतनी गहराई से रो रही थी पल भर को मै भी आपके आसुओ की हिचकी से डर गई। सच में माँ आप इस तरह कभी मत रोना। इन आसुओ में सुनामी कासा खतरा नजर आ रहा था। मै बोली अरे पगली माँ के आसू है डर तो लगेगा ही और लगना भी चाहिए।

माँ का दिल समुन्द्र की उताल तरंगो जैसा है। यह लहरे भीतर गहरी खाई में उठती रही तो मुझे ही निगल जाती। कुछ समय तक मुझे पुत्र प्रेम मोह की उठ रही एक–एक तरंग एक–एक लहर से झुझना ही पड़ेगा।

माँ बोली मै अपनी मानसिक दशा को पहचान गई थी। मनोदशा का ज्ञान होने के बाद भीतर का वातावरण पहचान गई।

मेरे प्रति उसका दृटिकोण क्या है? उसके सम्पर्क मैंने स्वयं हटा लिया वह अपने जीवन में सुखी रह सके। जैसा उसकी पत्नी चाहती थी माँ से अलग हो जाए। पक्ष दो ही थे या तो जबरन पकड़ना आसानी से छोड़ देना।

प्रतिदिन की चिता परेशानी के विपरीत चलना बेहतर समझा। अपना बचा जीवन आसानी से जी सके। सदा प्रसन्न रहना और मानसिक आनन्द में जिया जाये।

आज के समाज में एक अच्छा बीज बोकर भी स्वस्थ पौधा तैयार कर सकते है फल कौन खायेगा इसका कह नही सकते। मै अपने मन में किसी दुर्भाग्य की आने की आशंका नही रखना चाहती थी।

हाँ इतना कहुँगी---अपनी योग्यता पर केन्द्रित होकर अपनी अपनी मनोकामनाओ पर ध्यान दे। फिर प्रत्येक आकांशा मुठ्ठी में आ जायेगी। कैसी भी परिस्थिति हो उनका गुलाम बनने की बजाय स्वामी बनने की कोशिश करिये। कोई भी काम मुश्किल नही सभी काम आसान लगने लगेगे।

अपने भीतर सच्चाई की नींव रखनी होगी। निरंतर सत्य का सहारा ले अपने उद्देश्य की और बढना होगा। जब भी कोई शब्द अचेतं मन से निकले तो उसे देखिये वह प्रेरक शक्ति किस रूप में प्रकट हो सके। मनुष्य जीवन उद्देश्य को पूर्ण करने में साक्षात समर्थ हो जाता है। जो भी मन में विचार उठे वचनों दुवारा बोले जाए। कार्य को करने से पहले पूर्ण तरीके से सोच समझ कर करने में सम्पन हो जायेगे। कार्य चाहे कैसा भी हो शक्ति का प्रवाह उसी और चलने लगेगा।

यह बात समझने वाली है अपनी योग्यता का मूल्य कदापि न आंकिये। अपनी योग्यता से अधिक मिल सकता है। योग्यता का मूल्य आंकना फिर वहि रुक जायेगे उससे अधिक नही कर सकते। स्वयं में कमजोर साबित होगे अपना ही अपमान अपने को मृत्यु के हवाले ऐसे लोग शीघ्रता से कर जाते है। यह कमजोरी आपके चहरे से प्रकट हो जायेगी। दुखी व्यक्ति का कोई सम्मान नही कर पायेगा। अपने भीतर जैसा भाव गुण भरेगे वैसे ही मुख मंडल से प्रकट होगे। आत्म विश्वास झलकता है। आत्म विश्वास ही डगमगाया तो शरीर रूपी मकान की नींव गिर जायेगी। हार जायेगे जिन्दगी से भी और रास्ते में आई बाधाओं से आत्म विश्वास का पुल ढह जाएगा। इसलिए किसी भी कार्य में परवर्त होने से पहले आत्म विश्वास का जगाना आवश्यक है। हमारे जीवन की लीला कब समाप्त हो जाए एक पल का भरोसा नही। समय सभी के पास कम है। बस कुछ लोग जल्दी समझ जाते है कुछ को कभी समझ ही नही आती लाख समझाने की कोशिश करो। आज प्रत्येक व्यक्ति जाने किस भाग दौड़ में है। किसी के पास फुर्सत नही पल भर बैठ कर अपना

आत्म निरिक्षण करे। विश्वास का सिक्का खुशी में प्रवर्तित करे। किसी भी प्रकार का संदेह खोखला करता है। वहि विश्वास की नीव मुखमंडल पर तेज भर लाती है। जिस प्रकार बीमार व्यक्ति का विश्वास डाक्टर को देखते ही उभरने लगता है। अब स्वस्थ हो जाएगा रोगी के चेहरे से विश्वास झलकने लगता है।

अनंत परेशानियों में अपना रास्ता निकालना चाहिए। एक आत्म विश्वाशी व्यक्ति के लिए कुछ भी मुश्किल नही प्राचीन कथाये सुनने में आती है जंगली जानवरों तक को वश में किया। जीवों को काबू करना कोई आसान काम नही है। केवल आत्मविश्वास की दृष्टि के तेज से जंगली जानवरों को परास्त किया करते थे।

मन हमारे शरीर की इन्द्रियों पर राज करता है। देखा होगा कई लोग अपने कार्य को बिना किये बिच में छोड़ देते है। व्यक्ति की यही सबसे बड़ी कमजोरी है। अपनी भावनाओं पर लगाम लगा विश्वास बढाना होता है। सभी कार्य बखूबी कर सकते है।

सभी जानते है समुन्द्र मंथन में व्यर्थ अभिमान में असुरो की हार हुई।

देवताओं और असुरो ने मिलकर समुन्द्र मंथन किया। मंथन के लिए मंदराचल पर्वत को मथानी के रूप में तैयार किया गया। नागराज वासुकी को रस्सी के रूप में मथानी घुमाने के लिए इस्तेमाल किया गया। सभी तैयारी के बाद मंदराचल पर्वत के ऊपर नागराज वासुकी को कई चक्र में लपेट दिया गया।

देवताओं में मंथन से पहले एक देव बोला मंथन के समय नाग वासुकी को रगड़ पड़ने वाली है। उनके क्रोध में आने की पूरी सम्भावना है। क्रोध में आकर वह अपने आस–पास के व्यक्तियों को काट सकते है।

देवताओं को यह बात तर्क–संगत लगी हां यह पूरी सम्भावना है गुस्से में किसी को भी काट सकते है। सभी ने सोचा कोई तरकीब निकाली जाए। असुर मुँह की और देवता पूँछ की और हो जाए। समस्या बड़ी थी की नागराज वासुकी का मुँह किस प्रकार बन्द करने के लिए असुरो को तैयार किया जाय।

ब्रहस्पति देव बोले ––– असुरों से इस प्रकार की कोई बात न की जाय। अगर यह रहस्य जान गये तो हमें ही वासुकी का मुँह पकड़ने के लिए

विवश करेगे। यह समस्या निति से हल हो सकती है चर्चा की गई तो बात बिगड़ सकती है।

देवगुरु ब्रहस्पति की बात से सभी सहमत हो गये। उतसुकता पूर्वक उन्ही की और देखने लगे। देव बोले गुरुदेव फिर कोई उपाय बताय।

देवगुरु ब्रहस्पति बोले ––– असुर बहुत अभिमानी है और अभिमान वश व्यक्ति अपनी बुद्धी का इस्तेमाल नहीं कर पाते। अभिमान में निर्णय लेना तर्क–संगत होने का महत्व नहीं देता। असुरों की इस कमजोरी का लाभ देवताओं ने उठाया।

कुछ देर ठहर कर देव गुरु ब्रहस्पति बोले तुम सभी भागकर वासुकी नागराज को मुँह की और से पकड़ लो। अभिमानवश असुर तुम्हारी नकल अवश्य करेगे। बस काम आसान हो जाएगा।

सभी देवों ने गुरु की आज्ञा का पालन किया। सभी देव गुरु के मुँह की और चल दिए। वहा खड़े हो गये।

असुरो ने इस तरह देवों को नागराज वासुकी की और खड़े देखा तो शंकित हो उठे। उन्हें देवो की कोई चाल नजर आई। असुर देवताओं के पास आये और देवताओं से बोले हमारे बगैर सलाह किये तुम वासुकी के मुँह की और कैसे खड़े हो सकते हो। यह निर्णय तो हम सभी को मिलकर लेना था। कौन वासुकी का मुँह पकड़ेगा? कौन पूँछ पकड़ेगा?

असुरराज की इस बात पर देवराज इंद्र बोले इसमें बोलना क्या है? हम देवता लोग आगे खड़े होगे। सभी लोग हमारा सत्कार करते है। समाज में हमारा प्रथम स्थान है। हम वासुकी को पीछे से कैसे पकड़ सकते है? हम लोग वासुकी को मुँह की और से पकड़ेगे तुम सारे असुर मिलकर पूँछ की और से पकड़ो।

देवराज इंद्र ने जोश में भरकर कहा ––– असम्भव हम सभी देवता वासुकी को मुँह से ही पकड़ेगे। हम देवता पूँछ से पकड कर अपना अपमान नही करवा सकते।

अभिमानी असुर तो तिलमिला उठे देवराज इंद्र की बात सुनकर। अभिमान वश बोले तुम्हे देवता होने पर बहुत घमंड है। हमे असुर होने पर गर्व है। हम किसी के दबाव में आने वाले नही। हमारी शक्ति में कोई कमी नही।

असुरराज फुफकाररते हुए बोले देवों का अपमान हो या सम्मान इससे

हमे इस बात से कोई लेना देना नही है। यदि मंथन चाहते हो तो हमारी बात माननी पड़ेगी। हम मुँह की और देवता पूँछ की और से पकड़ेगे। देवराज इंद्र के बोलने से पहले ही देव गुरु ब्रहस्पति बीच–बचाव करते बोल पड़े। अगर इसी तरह लड़ते रहे तो मंथन कदापि नही हो पायेगा यह समय लड़ने और अड़ने का नही। अड़ने पर समुद्र मंथन कभी नही हो पायेगा। जो खजाना हमे मिलने वाला है वह कभी प्राप्त नही हो पायेगा। हमें वहि काम करना है जिसमे सबका भला वा कल्याण हो। इसमे ही सभी का सम्मान है।

फिर क्या था असुरो ने मुँह की और से पकड़ा और देवताओं ने पूँछ से पकड़ा। शीघ्रता से मंथन कार्य शुरू किया गया। जैसे–जैसे मन्दराचल पर्वत की मथानी शीघ्रता से घुमती। वैसे–वैसे नागराज वसु के शरीर में पीड़ा उठती वह क्रोधित होकर फुफकारने लगते। कई असुरो को डस जाते एक साँस में निगल जाते। फुफकारने से निकलने वाली विष वायु से कई असुर मुर्छित हो जाते। देवता तो किसी हानि के बगैर समुन्द्र मंथन कर गए।

अभिमानी व्यक्तियों की इसी तरह दुर्गति होती है अगर असुरो में अभिमान न होता तो सारी बात विवेक पूर्ण विचारते हुए बिना किसी हानि के पूरी हो जाती। व्यर्थ के अभिमान ने असुरों को मार डाला।

12

ऊर्जा से भरपूर प्रार्थना करे सारे अवसाद यानी (Depression) मुक्त हो। मुक्ति कैसे?

ईश्वर के प्रति पूर्ण समर्पण विश्वास के साथ प्रेम भरी प्रार्थना अवश्य कीजिये। किसी प्रकार का संदेह मन में कभी नही भरिये। ईश्वर की शरण ले चेतना जागृत करिये। अपने को उत्साह उमंग और तरंग से भरिये। मन में श्रद्धा आशा विश्वास का पुनर्जन्म होने दीजिये। सभी शब्दों और घटनाओं को प्रभु पर छोड़ दीजिये। अविश्वास का भाव कदापि न आने दे। परेशानियों से उबरने की कोशिश करिये। अपने को देखना है फिर मन में जगी आशा सफलता से भरपूर होगी। नाकारात्मक विचार को काटने का हथियार केवल सकारात्क सोच है। आज तक की असफलता सफलता में कैसे बदलती है। जीवन में यदि सघर्ष ही न हो जीने का मतलब ही व्यर्थ हो जाता है। सदैव गलतियों से सिखने की कोशिश करिये।

पुकारे परमपिता परमेश्वर को।
प्रार्थना में प्रेम शामिल कर मग्न हो करे।

हे प्रभु मुझे रास्ता दिखाओ। मेरी मदद करो शक्ति दो।
बार–बार करो पुकार अंतरात्मा की करो रुखाल।
हृदय की धडकनों में छिड़ने दो प्रेम की बासुरी।
प्रार्थना के शब्दों की बार–बार गर्जना भीतर चलती रहे।
भीतरी हिलते शब्दो की खिलखिलाहट गूंज उठे हुंकार प्रभु की।
भीतर छिड़ी बासुरी की स्पष्ट ध्वनी सुनो फिर होजा प्रभु में लींन।

कभी किसी पशु पक्षी को प्रार्थना करते सूना है। पशु पक्षी प्रार्थना नही कर सकते है न=ही झूठ बोलते सूना होगा। हाँ अपने बचाव के लिए हिंसक हो सकता है या फिर अपने भोजन के लिए। अपनी समस्त ऊर्जा को वहि खर्च कर देता है। पूरी सामर्थ्य लगा देता है। यह सब प्रकृतिक है। अपने भीतर मृत्यु दिखाई पड़ती है तो शत्रु की और भागता है। बाहर भले ही सबको मारने वाला दिखाई पड़ता है। उसी तरह देखा जाए उसके भीतर बचाने वाला बैठा दिखाई पड़ता है। आत्म रक्षा के हिसाब से यह जीवन दिखाई पड़ता है। मित्रता और शत्रुता पक्षियों जानवरों में भी दिखाई पडती है। इसलिए मृत्यु को सामने देख सुरक्षा की खोज तो कायर से कायर जानवर भी खोजता है।

उसी तरह जानबूझ कर किसी भोले भाले व्यक्ति पर हकुमत जमाना उसको सताना यातनाये देनी उस पर अपनी शक्ति की जोर आजमाइश दिखाना। इस तरह आपनी ताकत को अजनाना इसे साहस नही कहा जा सकता। यह व्यक्ति अपने भीतर की कायरता दर्शाता है। दुसरो पर जुल्म अपने भीतर की कायरता और असुक्षा को छिपाता है। इस तरह का व्यवहार व्यक्ति की मानसिक अवस्था को दर्शाता है। इस तरह के व्यवहार की नकल नही कर सकता यह तो अपने आप होने वाली प्रतिक्रिया है जो उस व्यक्ति की मानसिकता बार–बार करवाती है। जो लोग आधी अधूरी जिन्दगी जीते है अपना अधूरापन परिस्थितियों में पड़कर सब्र खो बैठते है। असलियत का सामने करने की हिम्मत नहीं होती।

मुझे भीतरी जागरण कर साध्वी माँ ने ब्रह्म मार्ग दिखलाया। साध्वी माँ को प्रणाम ।

स्वाभाविक सम्पूर्ण वातावरण में शक्तियों का किसी न किसी रूप में तेज

प्रवाह चल रहा है।

मुझे बेहद खुशी है मै अपनी आध्यामिक यात्रा सफलता पूर्वक कर पाई। मेरी जिन्दगी में एक ऐसा दर्दनाक हादसा घटा की मै छत पर सो रही थी। मेरे पास बंदरो का ढेर आकर आस पास बैठ गया जैसे ही मै समाधि की नींद से जगी बंदरो का जमावड़ा देख मैंने आव देखा न ताव और बंदरो को देख छत से छलांग लगा दी। इस दौरान मै बुरी तरह घायल हुई।

मेरे परिवार का कोई सदस्य मुझे देखने नही आया। सबसे अधिक तो पैर में चोट लगी मुझे डाक्टर ने कहा आप कभी चल नही सकोगी वैसाखी खरीद लो। यह बात मेरे भीतर आघात कर गई। मै एक (1) साल बिस्तर पर रही। पैर पर लगातार पलस्तर चढ़ते रहे। इस कारण पैर बहुत पतला हो चुका था। डाक्टर ओपरेशन की कहने लगे। इस सच्चाई को नजर अंदाज नही कर सकती वह वक्त गुजर भले ही गया हो। मेरी जिन्दगी का एक दर्दनाक हादसा था। जो दर्द का हिस्सा मैने बिताया। मुझे अपनी बहुत आलोचना सुनने को मिलती रही। मैने हिम्मत नही हारी। जिन्दगी की उन परिस्थितियों में साहस जुटा पाई वर्ना मै अपना बेहतरीन परमात्मा को कैसे दे पाती।

मै एक रात उठी और अपना पलस्तर काटा पैर पर गर्म पट्टी बाँधी अपने पैर पर खड़े होने की हिम्मत की कुछ महीने एक लाठी के सहारे चली उसके बाद अपने पैरो पर खड़ी हो गई। साथ साथ प्रभु का घोर तप और अराधना प्रार्थना चलती रही। इस तरह मै उस हादसे से बाहर आ गई। मेरा प्रभु को पूर्ण समर्पण मुझे बिना ओपरेशन ठीक कर गया। मेरा जोश और जनून मुझे ठीक कर गया मै अपाहिज जिन्दगी जीना नही चाहती थी।

मै यह बात भली भाँती जान गई। शक्ति का विकास पूर्णतया अपने भीतर से होता है। पुरे संसार में यदि देखा जाय पशु पक्षी जानवर सभी अपनी रूचि अनुसार काम करते है। इतनी समझ तो कुता भी रखता है यदि सामने खाई आ जाये तो देखकर रुक जायगा। तेज रफ्तार में भागता हुआ घोड़ा भी अनेक दुवार देखकर रुक जाएगा।

उसी तरह प्रकृति मनुष्य को बार–बार मौका देती है सम्भल जाने को अन्तस् में बार–बार संकेत देती है। सम्भलने के समझाने का प्रयत्न करती है। परन्तु अज्ञान वश कोई समझ नही पाता। मनुष्य ही है जो प्रकृति के विरुद्ध काम करता है। प्रकृति के विरुद्ध चल कर अपने को वा दुसरे को हानि

पहुचाता है।

अपनी रूचि अनुसार कार्य करने में मेहनत अधिक लगे लेकिन काम करने में आनन्द भी आता है। अपने भीतर शक्तियों का विकास भी होता। हमारी अंतर आत्मा पुकार रही है। क्या कह रही है उसे सुनकर अपने चरित्र का निर्माण किया जाये। सृष्टि में रहकर चरित्र के विरुद्ध चल कर आयु भर सघर्ष करते रहे सफलता कदापि नही मिलेगी।

आज सारी दुनिया इर्षा, दुवेश के अन्धकार की आग में जल रही है। मुस्कान का सूर्य तो क्या कुछ किरणे भी दिखाई नही देती। जिसे आँखों की कोरो से जरा महसूस कर सके।

हेमा का इतना कहना था उसके बाद विदेश चली गई। उसके कोई ममेरे भाई से बहुत प्रेम बताती थी। उन्होंने कई बार बुलाया लेकिन जाने से घबराह रही थी। कुछ दिन बाद एकांत रहते हुए उदास सी हो गई थी। मुझे बताया भाई ने टिकटे भेजी है। अचानक ही बाहर जाने का सब इंतजाम हो गया। जाते समय मुझसे बहुत बाते की। दो दिन लगातार बात करती रही। लेकिन घर में या अपने पति से कुछ नही कहा। जाते समय एक पत्र अपने हाथ से लिखा और अकेली चली गई। घर की जिम्मेदारी पति की मुँह बोली बहन को दे गई। उन्हें भी कुछ खास नही बताया बस मुझे बोली इस बार चुपचाप जाना चाहती हु जाने घर के लोग मुझे रोक न ले। इसी डर के कारण वर्षो बाद अकेली घर से निकली।

हेमा की बात यही समाप्त करती हु उसने मेरा दिल से धन्यवाद किया। दक्षिणा भी दी उसको एक पत्र उसकी फ्रेंड ने दिया उसकी चर्चा रह गई। वह बहुत दर्दनाक और लम्बी चर्चा है कोशिश करुगी उस चर्चा को फिर कहने का मुझे मोका मिला तो अवश्य लिखुगीं। हेरत की बात तो ये है छोटी सी जिन्दगी में व्यक्ति कितने हादसों से गुजरता है।

हेमा के भीतर भरा दैवीय भाव भरकर मै जान गई थी। अपने भीतर सत्य शिवम सुन्दरम के दर्शन के बाद हेमा की मनोदशा ही बदल गई थी। सच कहूँ प्रकृति हमे देती है इसलिए अपने भीतर दैवीय भाव भरकर कार्य करना चाहिए। अपने भीतर दिव्य विचारों का संचार होगा तो दिव्य पदार्थ तो स्वयं ही चले आयेगे। प्रकृति तो स्वयं के विचारों और तरंगो के तहत ही हमे वस्तुए प्रदान करती है। हम ब्रह्मांड में अपनी छोड़ी हुई तरंगो के कारण वस्तुओ को स्वयं ही दूर कर देते है। प्रकृति में बसा दैवीय भाव तो दिए ही

जाता है। वहाँ किसी प्रकार को कोई भेदभाव नही है। सबकी अपनी–अपनी सामर्थ्य है।

मेरा कहने का भाव है विचारो के दुषित होते ही स्वयं की नाव डुबने का खतरा रहता है। विजेता बनने के लिए सृष्टि का धन्यवाद करना चाहिए। अपने आपको हल्का अनुभव कर सृष्टि को शुभकामनाये देनी चाहिए। संसार में रहकर जीवन को उज्ज्वल और श्रेष्ट बनाया जा सकता है।

पुलकित मन में ही दैवीय आकृति पैदा होती है। मै सदैव दैवीय प्रकाश में श्वास भरती हुँ खुशी से खिलखिलाकर प्रभु का धन्यवाद करती हुँ। प्रकाश से प्रकट आकृति को पकड़ना जान गई। वह पवित्र सुनहरा चमकदार रंग बिरंगा प्रकाश बड़ा अदभुद जाल है। साधारण समझ आना कठिन है। मेरे तो आँखों से खुशी के आसू छलकने लगते है। देखना है तो अपने भीतर का बन्द सुराख खोलना होगा। जीवन में दैवीय प्रकाश तभी भर सकता है। सबसे पहले अपने जीवन को सम्पूर्ण माधुर्य से भरना होगा है। तभी बंद सुराख खुलता है। यह सुराख खोलना आवश्यक है।

देह का प्रेम प्यार ही शक्ति के साथ जोड़ सकता है। उस आंतरिक शक्ति का नाम शब्द का खुलना कहा गया है। दुसरे की देह का प्यार तो मोह के बंधन में बाँधता है। मोह के बंधन से संसार की रचना तो जानी जा सकती है। लेकिन रचना करने वाले को नही जाना जा सकता। सतगुरु एक ऐसा शब्द देता है। वह शब्द प्रकाश की धुन की और खीच ले जाता है। असली धाम परमधाम को जान जाता है। यह रूहानी मार्ग सतगुरु ही बता सकता है। मस्तक का अन्धकार दूर हो सकता है। गुरु कृपा से आँखों के अन्धकार के पीछे छिपा उजाला बाहर निकल आता है। मेरा कहने का अभिप्राय यही है विरले ही होते है जो अमृत का पान करने को निकलते है। आंतरिक रूहानी नजारे देखते है। अपने को विलीन करना खो देना खो जाना। अपने को प्रभु के अस्तित्व में मिला देना। तभी प्रभु के दिए शरीर की ब्रह्मांड में कद्र होती है।

यह सब दृढ निश्चय के साथ शब्द पकड़ कर अस्तित्त्व की और हुंकार भरनी है। झिझकने और संदेह का कोई सवाल नही। एक झटके में सब समाप्त हो जाता है। उस विराट की उस सर्वोतम शक्ति की कल्पना भी असम्भव है। अपनी दृष्टि से तेजोमयी उजाले को निहारना सोभाग्यशाली व्यक्तियों का काम है। कुछ क्षणों को संभव कीजिये प्रभु को जानने के लिए

रचनात्मक कार्य में लगाये। अपनी प्रवृति पर भरोसा रखे। प्रभु की रचाई हुई सृष्टि का रहस्य जानकर जीवन सफल बनाये। मेरा आप सभी को यह दिव्य संदेश है। प्रभु के दिव्य तेज को जानकर ही आवागमन के चक्कर से छुटकारा। योनी गमन से छुटकारा है।

प्रिय आत्मनो

प्रभु को मेरा धन्यवाद जिसने मुझे कृपा का पात्र समझा। मुझ पर अखंड ब्रह्मांड की कृपा बरसाई। पकड में न आने वाले असीम अथाह दिव्य शक्ति का दर्शन के लिए पूर्ण समर्पण के साथ प्रभु का कोटि–कोटि धन्यवाद।

मेरा सभी के लिए पैगाम है। भर लो धीरे–धीरे ज्ञान की सुगन्धित श्वास। धीमी गति से शरीर में इठलाती हुई खुशी प्रवाहित होती महसूस होने लगेगी। मै भूल गई तन मन की सुध छोड़। अब प्रफुल्लित मकरंद की बुँदे मधुर मुस्कान बन छलकने लगी। पहचान कर लो बार–बार गरज कर बुलाते है बादल। गरजने की भीषण गर्जन घनघोर ध्वनी कर पुकारता है। सम्पूर्ण अस्तित्व में बादलो पर छोटे–बड़े पौधे हिलते खिलते लुभाते है। प्रकाशित सम्पूर्ण ब्रह्माण है।

दुखो का बोझ उठाकर के मानव क्यों जीता है। हृदय के तट को ढूंड मोंन बढाकर धुन को सुन हँसी खुशी मन में भर कर जीवन की सच्चाई को पहचान। हृदय में छिड़ी धुन को जान। कौन है सुंदर लोक का रचिता निराला हृदय में छेड़ता धुन है।

प्रभु की हुंकार है बड़ी शोभायमान। मूल चेतना का विरह इससे जान लें। विमुख है भारी सौन्दर्य से। मन की व्याकुल सीमा को पहचान। अपने समक्ष प्रभु का चित्रंण उभरते देख।

सत्य के प्रकाश की एक किरण कही भी मिले भर लो अपने भीतर। गजब की रहस्य पूर्ण शक्तिया सभी के भीतर छिपी है। बस उन्हें खोलने का फार्मूला पूछ लो। इन शक्तियों का भीतर में जानना ही बड़ा दिलचस्प है। सारे दुःख दर्द को जड़ से दूर करती है। सभी अजनबी बने हुए है। मै तो सभी को प्रचंड शक्तियों से अवगत कराना चाहती हुँ।

थोड़ा सा परिश्रम की आवश्कता है अन्धेरा ढलने के बाद ही सूर्य की तपन महसूस होती। आत्मविश्वास के साथ आगे बढने की जरूरत है भीतर का भीषण डर दूर सफलता की और बढ़ते चले जायेगे। अपने मष्तिष्क को बिना किसी रुकावट के इस्तेमाल करना सीख जायेगें।

तन्हाई

मेरा तन तन्हाई में हृदय की गहराई में काँप जाता
ऐ काश मुझे भी कोई हमसफर मिल जाता
मुझे समेट लेता अपनी बाहों में कही बिखर न जाऊ
कही ऐसा न हो खुद ही बिखर किसी गजल को नाम दे जाऊ
मुझे समझा नही जमाने ने किस उमीद से झाँकू दहलीज दुसरे की
मुझे दिखती नही प्रेम की बोछार कही दिल का मंजर सुनसान रह गया
आया न दिल की गली में कोई बिना आहट के ख्वाब सा बन रह गया
बिखरने लगे है आँखों के आसू बिन उम्मिद के तोड़ने लगे चुपी
मेरे अहसास वजन में भरते गये तन्हाई में लिखते चले गए
रास तन्हाई इस कदर आ गई अब तो अपना साया भी भारी लगने लगा
खामोश साया भी जिन्दगी का पैगाम सा बन गया यारो अबतो तन्हाई भी बजने लगी है
आधी रात के अंधेरो में आहट दे तन्हाई भी महक जाती है गजल सी गुनगुनाने लगती है

कई बार सोचती हु? संबंधो का निर्णय किसके हाथ में है साधारण से मनुष्य को जानने के लिए भी धेर्य की अपेक्षा है। परमात्मा के सिवाय किसमें है? हम सभी एक दुसरे की निंदा–चुगली में फालतू बातो में संघलन रहते है।

जीवन बहुत ही रहस्यमयी है अति शीघ्रता से किसी का निर्णय करना अत्यंत अज्ञान व् कुरूप है। अनंत धेर्य से रहस्यपूर्ण जीवन को जानने की कोशिश करनी चाहिए। सभी जीवन को जानने से वंछित रह जाते है।

एक बार मै एकांत बैठी–बैठी सोच रही थी।

जीवन में कुछ राज तो गहरे है जो जान नही पा रही। क्यों नही मेरे सवालों के कोई जवाब कोई दे पा रहा? क्यों नही जवाब मिल रहे? अजीब सी उलझन मेरे भीतर वर्षो चलती रही। मन भीतर से गहरी पीड़ा से भर

जाता। मेरी यात्रा कहाँ जाकर रुकेगी कुछ समझ नही आ रही थी। ना तो मै किसी को समझ आ रही थी नाही ही मुझे किसी की समझ आ रही थ सभी कैसी चाल चल रहे है? मेरे करीब के कुछ लोग ही होगे गिनती के एक दो जो मुझे समझ गये वर्ना बाकी तो अपना काम से आते मेरा ये काम हो वो काम हो जाए बस। इससे अधिक कुछ नही।

परमात्मा की और चलना बहुत कठिन है यह राह कठिनाइयो से भरी है। राज कौन खौल पायेगा? राज खोलना तो दूर की बात है। स्वयं को खोलना बहुत दूर की बात है परमात्मा को जानने के लिए स्वमं को खण्ड–खण्ड करना तोडना होता है। स्वयं नष्ट हुए बिना परमात्मा की और नही जा सकता है। स्वमं समाप्त हुए तो ही परमात्मा की और चला जा सकता है। मेरे पास तो छोटी–छोटी युक्तियाँ है। जिनसे मैने परमात्मा को जाना।

परम्पराओं

न बांधो अब मुझे परम्पराओं में । परम्पराओं को तोड़ बाहर निकल आई हु । मै वो नाव हु जिसका निर्माण खुद करके लाइ हु । खींच लाइ हुँ किनारे तुफानो से बचाकर लाइ हुँ । तन की सारी बैचेनी और वेंदनाओ को रोंद आगे निकल आई हु।

अंधविश्वास में बनाई गई बनावटी परम्पराए तोड़ कर आगे बढना चाहिए। एक समाजिक जिव होने के नाते सभी को एक समान समझ दुःख दुःख में शामिल होना चाहिए। समाज में अच्छा व्यवहार समर्पण ही सच्चे संत के दर्शन करवाता है। मै मेरी से मुक्त जीवन जीना जीना चाहिए। अभिमान को त्याग नम्रता का जीवन जीना चाहिए। सत्य की राह तभी पकड में आ सकती है। यह संसारिक धन दौलत की शक्तिया नही है।

मुझे मिला ठिकाना सृष्टि में है प्रकृति को जी भर देखा खुलती गई खिलती गई। मुक्ति लोक में पहुँच गई । श्रृष्टि में सर्वत्र विरह का मिलन प्रेम की वर्षा है ।

भिन्नी–भिन्नी सुगंध से फूलो सा महक उठा ये तन है । कहाँ छुपी थी अनोखी तन की सुगंध । कस्तुरी सी नाभि में छिपी खोल आई हुँ । अपने ही तन में प्रभु का प्रवेश तल में ढूढ़ आई हुँ । सुगंध प्रिय प्रभु की तन में बसी थी । मैं अचरज में थी मेरे दुःख के द्वार लाँघ भीतर धारा अमृत की और बह

चली । तन की सुगंध में ह्रदय महक उठा । प्रभु के अनन्य प्रेम का परिचय कैसे करवाऊ । अत्यंत कोमल मधुर ध्वनी सुनी । मुँह में अमृत रस झरा कैसे कहू स्वर्ग से होकर आई हुँ । क्या मधुरा क्या काशी में मिलेगा । स्वर्ग से अमरस पीकर आई हुँ । जहाँ दुःख का कोई काम नही जीवन गतिमान है। शक्ति से भरा सारा बह्मांड है । मैं अमरो की सैर कर आई हुँ।

जीवन में कुछ अनकहे सवाल थे कुछ राज छिपे थे । मै एक दिन समुन्द्र किनारे लहरों को देख आनन्दित हो बैठ कर सोच में पड़ी थी। खोल आई किवाड़ दिव्य लोक के कैसे कहुँगी किसी को गहरी चिंता यही थी। मुझे यह सवाल वर्षो सताते रहे। ज्ञान ही नही किसी को अज्ञात का रास्ता कैसे बताउगी।

लेकिन एक बात सभी से कहना चाहुँगी मुक्ति की श्वास भरना सीख लीजिये ढूंढ लीजिये कोई ज्ञानी गुरु। मन को मानसिक रूप से शांत कीजिये। मन को अज्ञात भय से दूर करने का प्रयास निरंतर करिये जीने की चेष्टा कीजिये। वर्ना मौत का भय प्रतिफल डराता है। मौत का भय तो साय की तरह साथ चलता है हम भूल जाते है। जीवन में ज्ञान की किरण का गुजरना थोड़ा टेडा जरुर है। जीवन का भ्रम अँधेरे में पड़ी रस्सी की तरह है। अँधेरे में रस्सी भी साँप दिखाई देती है। प्रत्येक व्यक्ति के भीतर दर्द सा छिपा है। मैने भ्रम, भय को जाना तभी आज लिखने का आनन्द ले रही हु मेरे शब्दों को पढकर किसी ने समझ लिया। मै धनी हो जाउगी किसी के दर्द को तस्सली दे पाउगी। अब न लिखू तो मर जाऊगी।

मै तो मोक्ष पा जाउँगी। तड़पती आत्माओं का क्या? जो बेचैन है पागलपन में जी रही है। नाकारात्मक ख्याल भरे हुए है। अपने भीतर अजीब अजीब ख्याल भरे हुए है। इन्ही ख्यालो के साथ एक ख्याल मौत का भी जुड़ा है। जीने की वजह ही भूल जाती है मरना चाहती है। कई बार तो मुझे सुनने में आता है किसी लडकी के प्रेम में पड़ गये उसे भुला नही पा रहे। इसी लिए इस तरह के ख्याल आते है। कहते है प्यार मेरे भीतर जिंदा है उसे मारना चाहता हुँ। इसलिए मरना चाहता हुँ। जरा सोचिये क्या मौत मार पाएगी?

एक बच्चे ने मुझे बताया मेरी प्रेमिका मेरे सामने आ जाय। मै एक बार उसके साथ जीना चाहता हुँ। उसे छूना चाहता हुँ। मै उसे चूमना चाहता हुँ। उसे प्यार करना चाहता हुँ। फिर उसकी गोद में सिर रख कर आखरी हिचकी

लेना चाहता हुँ। मरते समय आँख से आँख मिलाकर एक नजर हो जाऊँ फिर मौत को भले खबर हो जाए। बस वो एक रात आकर नवाज जाए मुझे फिर भले ही सहर न हो। बस कोई ऐसा मन्त्र बता दो हाथ उठाऊँ उसका नाम लू और वो हाजिर हो जाये मेरी दुवा ये कबूल हो जाए।

यही सब बाते सुनकर लिखने का ख्याल आता है। मेरी समझ में ये बात नही आता किसके लिए? मेरे सामने उसका चेहरा हो किसके लिए भीतर में उठता है बाकी सब समाप्त कुछ नही उठता है इसके बगैर क्या कारण है?

जिन्दगी में कोई रस नही कोई कारण नही जीने का। गजब की हैरानी होती बच्चों से इस तरह की बात सुनती। कुछ पल का आकर्षण के बारे सुनती। वह बच्चा स्वयं नही जानता उसके भीतर क्या–क्या बैठा है। अपने भीतर कितना बोझ भर कर बैठा था। क्या कहे कहने में आनन्द भी नही आ रहा। कॉलेज (College) में देखा और मृत्यु की बात करता था। मुझे कहता रहा मै आपसे कह रहा हु तो मन हल्का हो गया। मै जानती हु बोझ हल्का नही हुआ। गहरे में एक्सप्रेशन दबे पड़े है। वासना भरी पड़ी है। जिसे निकालना चाहता था। जो उस समय मै समझा नही पाई। हालाकि वह कहलवाना चाहता था क्या करु मेरे लिए मुश्किल था सीधा–सीधा बोल पाऊ। करीब–करीब भीतर की हालत में समझ जाती थी। आज बच्चो में पहले वाली बात नही रही।

पहले वक्त था बच्चे माँ बाप की बात सुनते थे। इज्जत करते थे दादा–दादी की कहानी सुनते थे। एकत्र हो भोजन करते आनन्द उठाते। जैसे–जैसे समय गूजरता गया परिवारों की हालत खराब होती गई। अब वृद्धो की कोई कद्र नही रही। उनकी हालत देखकर लिखने में मेरे भी हाथ काँपने लगे।

एक बार मैने देखा मै किसी के यहा भोजन पर गई थी। हमारे साथ उनके पिताजी भी बैठे थे। मै ही उनके कमरे से बुला लाइ। घर में और भी कई मेहमान आये हुए थे। काफी उम्र होगी उन बुरुर्ग की। सभी के सामने बुजुर्ग के हाथ से प्लेट छूट गई। प्लेट के नीचे गिरते ही सारा खाना बिखर गया। जो देखने में बुरा तो लगा। पर गिर गया जान बुझ तो नही गिराया। मैने उनके बेटे की और देखा उनसे सहन नही हो पाया गुस्से से आखे लाल थी। पिताजी से कहा मै अब और बर्दास्त नही कर पाउँगा। आज के बाद

खाना अपने कमरे में खाये और अपने पिता को प्लास्टिक की तश्तरी पकड़ा दी जो गिरकर टूट नही सकती थी। क्या कहू उस बुजुर्ग व्यक्ति को बुढा का नाम मिला? खाने की मेज पर आने से रोक दिया गया। अब अकेले पन में रह गये। आज दादा पोते सभी अकेले पन का जीवन बिता रहे है। सब नासमझी का जीवन बिता रहे है जाने किस दौड़ में है कहा रुकेगी इनकी दौड़।

मैने अपनी जिन्दगी में जमीन पर रह कर एक अदभुद यात्रा की। सालों सोचती रही उस यात्रा का खुलासा किस तरह करूँ। कैसे लोगो के सामने रखुँ? अपने तन की रूहानी यात्रा किस तरह कर सकते हो। प्रभु ने बहुत खास यह तन देकर भेजा है। इस खास तन के क्या–क्या खुफिया भरी है। ब्यान करना असम्भव है। मैने कईयों पर कुछ प्रयोग किये मै कामयाब रही। जीवन की यात्रा के बारे में जाने। कैसे जिए अपना जीवन। यह पुस्तक पढ़ कर भरपूर शक्ति मिलेगी। जीने का आनंद खोज पायेगे। किस तरह लोगो के जीवन के राज निकालने में कामयाब रही। अपनी जानकारी से आज हर व्यक्ति अनजान है। किस तरह अपनी जानकारी हो। सारे के सारे ग्रह किस तरह अपने शरीर से होकर गुजरते है। कितनी कहानियाँ अपने ही तन में दबी रह जाती है। लोग दुसरों के तन में झांकते रह जाते है।

ज्ञान क्या है?

ज्ञान अस्तित्व के माधुर्य से झलकता हुआ अमृत का प्याला है
प्रभु प्रेम में दो ही बाते है एक तो प्रभु को जान लिया दुसरा नही जान पाया
हृदय प्रेम से भर लो धर शीश प्रभु चरण में और नही कुछ जीवन में
विरह असहाय को मार गिराओ अपनी मै को छोड़ स्नेह धाम पहुच जाओ
उठो जागो गुरुकृपा से हो जाने दो इस तन में एक महाविस्फोट
प्रभु तो घट घट बैठा रुखाल करत है बिन जाने बादलो की ओट में है
अपने ही भीतर का प्रवेश बिन गुरु के खुले न पर्दा दर–दर भटकत
क्या कहू मै सारे भ्रम टूट कर बिखर गये जबसे द्वार घट के खुल गये
मुझे तो घट में ही काशी काबा मिल गये जिस्म की अठखेलियो में कमल से खिल गये

अकेली

कौन कहता है मै अकेली हूँ?
मेरी परछाई मेरी तन्हाई में साथ देती है
बड़ा कमाल करती है संग में अंगडाई लेती है
कितना समझाया भीड़ में भी साथ देती है
कौन कहता है मै अकेली हुँ?
क्या समझाऊ बात तन्हाई की मुझे अपने उपर सुलाती है
तन्हाई का असर अहसास भी साथ खीच लाती है
कैसे कहू अब तो डर लगता है मौत जब आएगी परछाई साथ जायेगी
कोई आवाज नही आहट नही तन्हाई में परछाई मजे लेती है
कौन कहता है मै अकेली हुँ?
जिन्दगी भर भागती रही अब तो कदम भरने दो संसार में
झील सी गहरी खामोशी में बिताई है जिन्दगी
समुन्द्र सी गहरी दिल की खामोशी से निकाल कर लाइ हुँ शब्द
कौन कहता है मै अकेली हुँ?

बुढापा

आज लगता है मै बुढ़ी होने लगी हूँ
मेरे अपने जो दिल के बहुत करीब थे
वो भी अब तो साथ छोड़कर जाने लगे है
लगता है मेरे बुढापे से डर गए होगे
बुढ़ापा भी बड़ा बेदर्द बेजूबान निकला
बर्बाद करने को चुपचाप आ निकला
अब तन्हा हो गई हुँ शायद बुढ़ी हो गई हुँ
नजर भर के किसको देखे अपने छोड़ गये है
बुढापे ने छीन ली सारी दिलचस्पियाँ
तन्हाई में बबूल का जंगल भी अपना सा लगता है
काँटे चुभोता है पर अपना सा तो लगता है
किसी हाल में चले जाओ अपने होने का अहसास जताता है
आती जाती हवा के साथ दुआ सलाम कह जाता है
न देखो उसकी और दुपट्टा जोर का जकड़ लेता है
फिर छुटाए नहीं छुटता दुपट्टा तार–तार कर देता है
कैसे कहे उस बेजुबान जंगल की बाते बस बोलता ही नही
बिन कहे सारी धूल जमीन से उठा अपने रंग में रंग देता है

जीवन परिचय

मेरी जोगन भरी मस्ती मुझे कहा खीच लाइ
जा रही हुँ किधर कोई अटकल नजर नही रही थी
है मधुर कोलाहल ही कोलाहल मधुर गँध में बहता मन
जोगन जोग भूल चली मस्ती ही मस्ती रह गई
जोगन के सिवा मस्ती का झलकता जाम रह गया
हृदय कुंड में अमृत का पैगाम झरता गया
मै मिटने लगी सागर में मिलने लगी
घनी लहरों सगं उछलने लगी अब होश की चाह नही
जिंदा भी फकीरी में जोगन जाने कैसे रहने लगी
मेरा जीवन जोगन भरा अंदाज निराला निकला ।।

आनन्द

मेरा मन प्रेम और माधुर्य लिए कृष्ण संग जुड़ा था
जहाँ नो लखा हार और कुंदन का रंग भी फीका लगा
मेरे नैनन में खरी ज्योति कृष्ण की समाई थी
अलसाई आँखों से खड़ी–खड़ी निहारु कृष्ण रस को
देख–देख छवि भीतर मधुर मनोहर आनन्द भरुँ
आनन्द उल्लास भरी दशा का चित्रण कैसे करूँ

हे कृष्णा .....

ना मै लेखिका ना मै कथा वाचक
मै तो माटी की दीवानी तेरी
खूब निकाली कमियाँ दुनिया ने
तुम आये सपने में मुलाकात हुई आईने सी
इतनी चुप्पी मै भी न सह पाई कृष्ण
तुम पत्थर बन भी मुस्कराते रहे
जमाना मुझ बेरन में कमी देखता रहा
मै अपनी कमी दूर करती रही
पत्थर सी हो गई थी जजबात से खाली थी
गजब का खेल रचा प्रभु तूने
इसमें ही जीने का खास मजा है
मिलना मिलाना यह तो लिखा नही
तकदीर ने हाथो की लकीरों में
हमें तो बैठे बैठे ही गम दिया लोगो ने
कौन कहता है जहर का असर कड़वा होता है
तेरे मिलने के बाद ऐ कृष्ण वो भी मीठा लगा
अपनी मिठास लिए कैसे उतर आये तुम
इस बियाबान जंगल से दिल में
कैसे ब्यान करू अपनी हालत
तुम्हे देख–देख मीठी मुस्कान लिए

धीरे–धीरे रोज मरती हु उसी में जीती हुँ।।

गुरु ...

सतगुर का मयखाना है जरा आइना अपना साफ कीजिये
करवट है जिन्दगी जरा करवट की पहचान कीजिये
अपनी ही परछाई मौत अपनी सौत को जानिये
सफर महखाने का है आओ मिलकर ढूँढ़ लो वजह जीने की
कर ले तैयारी बैठ कश्ती सतगुरु की कोई मलाल न होगा
चाहे हवाओं का तेज शोर हो, चल दे रोक ना पाए कोई जोर
मिटा दे सतगुरु के प्रेम में घूँट–घूँट पी मस्ती में चलता चल
कहने को बहुत खलल है मस्ती ने तोड़े सारे भ्रम है
छोड़ मन के सारे भ्रम घायलों की दौड़ है
चलदे गुरु के काफिले की और एक अकेला शून्य है
उच्चाई लिए खड़ा जानता है गहराई आकाश और पाताल की
कैसी अनदेखी खुशबु भरता है एक ख्याल भी आइना साफ करता है
कोई चिराग नही दिखता हाथ मगर उजाला लिए खड़ा है
जाने कौनसी गजल गरज जाए तन की शाखाओ पर
एक फुल न खिलने वाला है गुरु के बगैर भी चलदे दिव्य रास्तो की ओर

अदभुद नजारा ...

प्रभु भरपूर विशालता लिए खड़ा समुद्र की तन्हाइयों में
लिख डालू जो ह्रदय से जाना फिर जिन्दगी में मलाल न होगा
मै मुसाफिर थी प्रभु की राह की सफर में ही चिरागों से मुलाकात हुई
जिन्दगी जीने की उम्मीद छोड़ चुकी थी, फिर रोज नये सवेरे होने लगे
उजाला बन महकने लगे, मेरा ह्रदय कोश मंगल वैभव से भरने लगा
निर्मल चेतन चित में उत्साह बढने लगा पल–पल शुभ संचार होने लगा
प्रभु अपनी भावनाओं की परछाई को किस तरह बरसाता है
सृष्टि की साखो में किस तरह बनता है बिगड़ता है खिलता है
धुंए किसी धुंध की चादर सिलवटो भरी कई बार अपने को लिपटे हुए देखा
सुरमयी धुप चीरते हुए चादर को निकली। दिखी प्रभु की परछाई सड़क पर
जाते हुए।

उषा की किरणों से झरा अमृत सा पानी।
धुआँ मुझमे घूमता हुआ निकला बादलो में जा मिला।
बस उस लम्हे की दौलत गवाना ना चाहूँगी।
अपने ही पाँव पर खड़ी थी अचरज से भरी दिखी।

मेरा अन्दाज

मेरा जोगन भरा अंदाज दुनिया को खलने लगा
मेरे भीतर का बन्द कमल खिलने लगा
जब जोगन बन निकली तुफानों का खोफ नही था
खोफ तो बरसात में मिटटी का घर ढह जाने का था
माथे की सुरंग से निकली नज्मो की लहरों पर सवार रही
महफिल सजती गई भीतर घड़े सी खामोशी फूटती गई
छलकती आँखों का अहसास उत्साह बढाता गया बस
दुनिया को मलिन करने का बहाना रंगीन चाहिये था
राह पकड़ ली थी मंजिल भी मिल जायेगी
रास्ता तो अँधेरे भी नही रोक पाये उजाले का
जमाना भी सताकर क्या रास्ता रोक पाया मेरा

....

जोगन

मै माटी की बनी जोगन, जीवन मेरा दर्द भरता रहा
मै खाली मय के गिलास सी दर्द भरता रहा जमाना
बिना चिराग जलती रही धुँवा उड़ता रहा गजल बन
उमर बीत गई जिंदगानी ऐ दिले तलाश में
दर्द का हिस्सा बनी तन्हाई भी अंधेरो में महकने लगी
खुद की तलाश कर प्रभु का महखाना पहचान गई
भरा देह असीम सम्भावनाओं को पहचान गई
आँखों में गजब की तस्वीर उभरने लगी गूंजने लगी
जीवन का सजल संगीत बजने लगा धरती का श्रृंगार देखा
बिना साज बाजे बजने लगे सतरंगा देश चमत्कारी चौमासा
बौछारों से अमृत झर–झर आता गूँज पड़ा तन मन मोह लिया मेरा

मै जोगन

मेरी जोगन भरी मस्ती मुझे कहाँ खींच लाई
जहाँ जोगन के सिवा मस्ती ही मस्ती रह गई
तन्हाइयो में खीच लाइ पूछ बैठती थी मेरा हाल
घंटो तपती खाली–खाली सी दिखती करती सवाल
बड़ा मजा था जोगन की मस्ती में दिल खाक हो चुका था
जमाने की महफिल में, दिल जला राख भी न हुआ
शमा भी परिंदों सी उडती रही दिल की बाते दिल में रह गई
मजा खुदा की चाहत का तबही तो आया
गजल खुद ही मेरी तन्हाई बनी
दर्द सहने की आदत बनी
जिंदगानी ऐ दिल अब जाके समझी
तन्हाई से बड़ा हम सफर न कोई हुआ
उमर बित चली कोई हम सफर न बना
तलाश मेरी कहा खींच लाइ
खुद ही खुदा के घर ले आई
खाली–खाली से लगते थे मय के जैसे दीखते थे
तन्हाई में आहट हुई अंधेरो में रौशनी महक आई
मेरी जोगन भरी मस्ती निखरती चली आई

मुलाकात

पीते–पीते दर्दे गम जिस्म का होश न रहा
मै गहरी चुप्पी पकड़ती गई
आईने सी मुलाकात खुद से करती गई
जाने जिन्दगी क्यू अधूरी सी दिखती थी
कमी क्या रह गई। अभी तो है हे कृष्ण
जरा मुलाकात की घड़ी अब पत्थर बन न मुस्कराओ
ये मुस्कराना न सह पाउगी
मेरी क्षमता नही अब ये चुप्पी भी सह पाउँगी
खामोशी अब मेरे भीतर की मुझे नोचने लगी है
जिस्म में भी खामोशिया शौर मचाने लगी है
अब ये रात की कालिख हटाओ, पर्दा भौर का गिराओ
जिस्म की ये उधेड़ बुन मुझसे जुड़ती नही
कौन जाने रब ने मेरे तन की मिटटी किस पैमाने से रची
सफर तन्हा गुजर गया सिर्फ आँखों में पानी नही
यह तन भी घायल लिए फिरती रही
भरी किताब सी दिखती हुँ ..कृष्णा
एक झलक ख्वाब में देखूँ अब जी भरता नही
अब तो दिल जलता है जले दिल खाक न हो
मेरी जोगन भरी मस्ती में कृष्ण के सिवा कोई हस्ती नहो

हमदर्द

हमे आदत हुई तन्हाई की अब साए से क्या डरना
अब बेवक्त भीड़ में भी तन्हाई बातें करती
मजा चाहत का जोगन में ही आया
अब गम के बगैर खुशियाँ खिल जाए
ऐसा मुनासिब नही जोगन की तन्हाई में
दर्द में यु जीने की आदत सी हो गई
अब दर्द के बगैर दर्द सा होता है
अब जीने में दर्द ना हो कमबख्त
खाली–खाली सा जीवन लगता है
खुद की तलाश में समझ देर से आया
खुदा करीब का हमसफर निकला
दर्द का हिस्सा देकर हमदर्द निकला

....

मेरी परछाई में ये अक्स मै किसका देखू
एक बूंद देखू ये तो सागर का हकदार निकला

....

रिश्तो ने घायल किया खून ने खलल डाला
मगर किसी गैर ने सहारा दे भ्रम तोड़ डाला

....

दुनिया नशा करती है

शराब, चरस, अफीम गाँजा कोकीन का
ऐ खुदा तुम्हारी आवाज जो सुन ले
इससे ज्यादा नशा उससे हो जाए
तस्वीर जो उभर आये आँखों में
प्यासे भी समन्दर का जल पी जाए
....

नाच जोगन नाच निकल आई अंधेर कोठरी से
माँ छोडकर जाती है तो जाए बाप भी बोलता जाए
भाई बहन ना बोले अपनी टोली अलग बनाये ये उनकी शान
दोस्तों ने किया किनारा अब होसला कोई नही देने वाला
नाच जोगन नाच
रोज लिखुगी उन्ही गलियों में नाचुगी उफ ना करुगी
जालिम जोगन ने मुझे आवारा बनाया
अब थोड़े में क्यों मरू सारी रिश्तेदारी खत्म किये फिरूँ
अब कृष्ण का अकस उतरा है सच्चाई का सेलाब झरा है
नाच जोगन नाच

....

नाच जोगन नाच

सुबह की धुंध मुझे लपेटे खड़ी है
मै मतवाली नाचती जाऊ कदम बढ़ने से न रोक पाऊ
खुलता जाए रास्ता परियो सी उडती जाऊ
पंख ना कोई लगे आसमान को छूने की चाह
घनेरे घने ही सही प्रभु तेरे मिलन का दीप जलाया
अब तेरी महफिल के सिवा कुछ न बचाया
चाहने वाला न कोई आहे सुनने वाला न कोई
अब बहार ही बहार तू गोला बारूद बन फूटा इस तन में
मिट गई तुझ पर तेरे अस्तित्त्व की बाहों में आकर गिरी
बहुत घाव लिए फिरू थी मरहम न कोई महरूम थी
लोग कहते है सुधर जा सुधर जाउँगी तो पहचान रूठ जायेगी
निर्विकार में जीना आ गया निर्भय यथार्थ को स्वीकारा
अब तो चर्चे सरे आम होने लगे गम भी मुस्कराने लगे

हे प्रभु अंत मै क्या लिखू

मै लिख देना चाहती हुँ तेरी गजल बन खुबसुरत शायरी तेरे नाम
मिला है मुझे अस्तित्व मै महकती खुशबु का पैगाम वो खुशबु तेरी
नजर आता है तेरी खूबसूरती का सदाबहार उपवन घनघोर जंगल
कैसे कह पाउंगी जमींन पर स्नेही मित्रो को शब्दों का कोष नही
मेरे पास, हे कृष्ण मेरी तकदीर में तुम उतर आये यह सब लिखा था
अब चैन आता नही मुझको कही किससे कहू तेरी मेरी बात हुई
अँधेरी रातो में मुलाकात हुई उन लम्हों की खनक किसे सूना पाउगी
जिन्दगी भी भारी हुई लम्हों की खनक से कहा से लिखना शुरू करूँ
कैसे अदा करू मै ये कर्ज तेरा इन हाथो से या जुंबा से करूँ तारीफ

प्रभु का प्रवेश

इस संसार में जले ह्रदय को लिए फिरती थी
हे प्रभु क्युँ तेरे बार–बार गरजने की गर्जन सुनती थी कर्णधार
सारा संसार सोता था भीषण गहरी नींद अंखियो में धार
सम्पूर्ण संसार को छोड़ तेरी लीला में बह जाती आधी रात
उतरते थे तुम घायल मन में छोटा सा पौधा बन लघु अस्तित्त्व लिए
हिल–हिल कर खिल–खिल कर संदेश देते ये कैसा निमन्त्रण देते
हे प्रभु तुम्हारे उतरते ही मिलता मुझे नव जीवन सा संकेत
छोटे–छोटे शब्दों में बखान कैसे करू दिव्यता का गुण प्रवाह
मेरे सूने ह्रदय में परिवर्तित हुए उगता सूर्य मस्तिष्क में देखा
भीतर के आलोक में ठुमरी, कजरी, कवाली, धुन अनेक बजते सूना
मेरा सफल प्रयोग हुआ दिव्य कोष का निर्माण हुआ

सम्पर्क करिए

अपनी कमजोरियों की पहचान कर दूर करिए

कुछ व्यक्ति अपनी कमजोरी के कारण नशा करना शुरू कर देते है। क्या नशा से अपनी कमजोरी दूर कर सकते है? इस प्रकार की बीमार आत्माओं का इलाज सम्भव है। अपने शरीर की कमजोरी जो भी वेशिपना है जिसकी वजह से अपना शरीर कंट्रोल में नही आता। कई बार देखा गया जानते हुए भी व्यक्ति गलतिया करता चला जाता है। उसका नुक्सान जिन्दगी भर उठाना पड़ता है। यह कई बार पिछले जन्म में हुई गलतियों के कारण भी होता है। बिना किसी परेशानी के यथार्त से छुटकारा पाया जा सकता है। ध्यान की गुप्त विधियों द्वारा।

मैंने कइयो से पूछताछ की तो पता चला। हम दवाइयों से परेशान हो गये थे। जीवन काटना मुश्किल हो गया। दिन रात बैचेनी में गुजरता था। दवाइयों खकर भी परेशान हो गये थे। गोलियों से भी मुक्ति चाहते थे। नशा करने से हम अपने आपको भूल जाते है।

मै खामोश सुनती रही सोचती रही अपनी जिन्दगी में सभी शान्ति पाना चाहते है। सबसे ज्यादा हैरानी तो तब हुई जब बताया इसे तो सोमरस कहा गया है इसे लेने में बुरा क्या है?

मै पूछती हुँ? वह खोज क्या है?

मानसिक शान्ति कहा है?

आज सभी लोग दिमाक को शांत करना चाहते है। उसके लिए विभिन्न प्रकार का नशा तलाश करते है। सभी भौतिक रास्ता तलाश करते है। दवाईया बहुत आसानी से मिल जाती है। यह सब बाहरी वस्तुएँ है।

बाहरी यात्रा तो हमारी जन्म जन्मान्तरो से चल रही है। उसी यात्रा को अपने भीतर मोड़ना है। स्वमं को जानना है अपने सारे बाहरी दरवाजे बन्द

करने है। भीतर का बन्द दरवाजा ही हमे खोलना है। बाहरी तो सबका जन्मते ही खुल जाता है। बच्चा जब पैदा होता है वह ना रोये तो जबरन रुलाया जाता है। बताया जाता है इस दुनिया में प्रवेश पा चुका है। रोता है पहला द्वार खुलता है इसी तरह ध्वनी सुनता है हंसता है रोता है। आँखे खोलता है। धीरे–धीरे सभी द्वार खोलता है। पिशाब पाखाना करता है। सभी द्वार कुदरती खुलते है। लेकिन भीतरी द्वार से सभी अनजान है। असली दरवाजा बन्द है। इसी कारण कभी–कभी व्यक्ति बेहद तड़प महसूस करता है। दवाइयों से कई बार शरीर में बहुत आधी व्याधि उत्पन्न हो जाती है। तनाव ग्रस्त लोगो के लिए विशेष प्रक्रिया है। मेरे पास केवल आत्मिक शान्ति प्राप्त कर सकते है।

प्रोग्राम

ध्यान योग साधना ———जो व्यक्ति बेचेंन रहते है हर समय विचारों से गहरे रहते है। नींद का न आना नींद की गोलिया खाना। मानसिक चिंता के कारण रोग घेर लेते है जैसे सिर दर्द सर्वाइकल वा अन्य कई रोगों में ध्यान की विधियाँ बिना दवाई के उपचार है।

जो बच्चे पढ़ाई में अपना ध्यान एकाग्र नहीं कर पाते। मन को विचार मुक्त कैसे किया जाए?

विशेष

बुकिंग पैसे जमा होने पर मानी जायेगी प्रोग्राम के 7 दिन पहले बुकिंग बन्द हो जायेगी।

1. आमने सामने वार्तालाभ ध्यान संबंध अपने प्रश्न जो भी कोई पुछना चाहे या किसी को ध्यान में किसी प्रकार की समस्या आ रही हो। बहुत दिनों से ध्यान कर रहे है कोई अनुभव नही हुआ उसका कारण जान सकते है। कोई भी विधि जानना चाहते हो। सभी समस्याओं का निवारण होगा। (प्रत्येक माह के दुसरे शनिवार) एक सामूहिक सम्मेलन होगा सभी भाग ले सकते है।

2. कृष्ण जन्म अष्टमी महारास
3. शिवरात्री महारास (प्रत्येक वर्ष)

4. प्रत्येक नवरात्री ध्यान पर गुप्त अनुष्ठान होगा
5. बाकी प्रोग्राम की समय–समय पर जानकारी दी जायेगी

अधिक जानकारी के लिए हमारी ई मेल पर सम्पर्क करे।

मुझे तुमसे धन नहीं, दिव्य ज्ञान और भव्य आचरण मिला। मैं चाहती हूँ कि सभी के जीवन में ज्ञान की अमृत वेला शान्ति का आगमन हो। सभी के भीतर अमृतकारी और चमत्कारी घटना घटे आध्यात्मिक प्रभात के दशन का भागी बनें । उन गुप्त युक्तियों का प्रसाद सभी को प्राप्त हों।

आप सभी का स्वागत है

E-mail: maaharichetna@gmail.com
08199060991